DEINE MAGIE DER RAUHNÄCHTE

INVICTICON

Printausgabe, erschienen 2023
1. Auflage

ISBN: 978-3-95949-657-5

Copyright © 2023 ANTHEUM Verlag,
im Förderkreis Literatur e.V.
Sitz des Vereins: Frankfurt/Main

www.main-verlag.de/antheum-verlag/
www.facebook.com/AntheumDWG.Verlag

Text © Claudia Ulrike Schimkowski

Umschlaggestaltung: © Dream Design
Umschlagmotiv: © Claudia Ulrike Schimkowski
Fotos: © Claudia Ulrike Schimkowski

Druck: AKT AG, FL-9497 Triesenberg (AgenTisk Huter d.o.o)

Das Werk, einschließlich seiner Teile, ist urheberrechtlich geschützt. Jede Verwertung ist ohne Zustimmung des Verlages und des Autors unzulässig. Dies gilt insbesondere für die elektronische oder sonstige Vervielfältigung, Übersetzung, Verbreitung und öffentliche Zugänglichmachung.

Bibliografische Information der Deutschen Nationalbibliothek:
Die Deutsche Nationalbibliothek verzeichnet diese Publikation in der Deutschen Nationalbibliografie; detaillierte bibliografische Daten sind im Internet über http://dnb.d-nb.de abrufbar.

CLAUDIA ULRIKE SCHIMKOWSKI

DEINE MAGIE DER RAUHNÄCHTE

Du bist das Licht, erinnere Dich!

Ein zauberhaft intuitives Arbeitsbuch für die Zeit zwischen den Jahren

Das Buch

Tauche ein in Deine magischen 12 Rauhnächte und Deine tiefe Rauhnachtsarbeit, erschaffe damit bewusst, was Du Dir im kommenden Jahr wünscht. Denn Dein Bewusstsein formt Dein Leben. Was hält der Jahreskreis für Dich bereit? Schaue das 13-Wünsche-Orakel an und bekomme neue Impulse für Dein individuell gestaltetes Räuchern.

Ein zauberhaftes Arbeitsbuch für die Zeit zwischen den Jahren erwartet Dich mit vielen praktischen Anleitungen zum Selbermachen. Auch der Schreibprozess dieses Buches wurde aus der geistigen Welt unterstützt.

Inhalt

Einleitung	9
So geht's – Arbeiten mit diesem Buch	15
Vorbereitung	21
Es geht los	21
21.- 24. Dezember	25
Dein persönlicher Kraftplatz	29
Abschluss des Jahres	30
Vertrag mit Dir	35
Meditationsreise – Lichtvolle Samen setzen	36
Orakeln während der Rauhnächte	39
Dein persönliches Orakel	40
13 Wünsche Orakel	41
Räuchern während der Rauhnächte	43
Anleitung zum Räuchern mit Kohle	47
Deine Magie der Rauhnächte	49
1. Rauhnacht – RUHEN	53
2. Rauhnacht – HINGEBEN	65
3. Rauhnacht – AUFBRECHEN	77
4. Rauhnacht – ENTDECKEN	89
5. Rauhnacht – PLANEN	105
6. Rauhnacht – LOSGEHEN	117
7. Rauhnacht – FEIERN	131
8. Rauhnacht – FÜLLE LEBEN	145
9. Rauhnacht – FÜHLEN	157
10. Rauhnacht – DANKEN	169
11. Rauhnacht – LOSLASSEN	181
12. Rauhnacht – WISSEN	193
Alle 12 Rauhnächte/Monate auf einen Blick	199

Abschluss   **205**
AB 6. JANUAR DIE RAUHNÄCHTE ABSCHLIESSEN   205
Wertschätzung Deines persönlichen Kraftplatzes   205
Zeremonie zum Abschluss   205

Wie es danach weitergeht   **209**
DAS KOMMENDE JAHR ERSCHAFFEN   209
Meditationsreise ins kommende Jahr   211
Deine Jahreskollage   215
RAUHNACHTSENERGIEN IM KOMMENDEN JAHR NUTZEN   219

Literatur   **222**

Links   **223**

Abbildungsverzeichnis   **224**
Ganzseitige Titelblätter   224
Alle Fotos   226
Sonstige Abbildungen   229

Ergänzung zum Buch   **230**

DU bist das Licht,
erinnere Dich!

Für UNS Menschen!

Einleitung

Wie schön, dass Du da bist!

Ich freue mich sehr, dass wir die Rauhnächte in diesem Jahr gemeinsam begehen!

Ich liebe diese Zeit zwischen den Jahren. Diese Zeit, in der gefühlt die Welt stillsteht und in der alles möglich scheint. Diese zwölf Tage zwischen Weihnachten und den heiligen drei Königen sind eine magische Zeit, die schon unsere Ahnen zum Orakeln und Räuchern und vielem mehr nutzten.

Aktuell, in diesen bewegten und bewegenden Zeiten, suchen immer mehr Menschen Halt und erinnern sich dabei an die alten Weisen unserer Vorväter. Oftmals sind der Zugang zu den magischen Rauhnächten auch der erste Schritt zurück zur Spiritualität, zurück zur Rückverbindung an die eigene Natur und Mutter Erde, dem nach und nach schließlich weitere folgen dürfen. Und mit dieser Rückbesinnung schließen wir uns an, an das verloren geglaubte alte Wissen unserer Ahnen, die genau hier lebten, wo wir beide gerade sind, Du und ich – und entdecken die alte Magie der Rauhnächte für unser modernes Leben neu!

Ich selbst begehe die Rauhnächte seit vielen, vielen Jahren für mich selbst und erarbeitete mir dabei selbst die Rituale und das Vorgehen aus vielen verschiedenen Büchern. Dabei tauchte ich immer tiefer und tiefer in diese Materie ein. Nahm wahr und erfuhr im Rahmen meiner Initiierung als schamanische Heilerin und Pfeifenträgerin diverse Einweihungen in Zusammenhang mit den Jahreskreisen und insbesondere hörte ich das Wispern aus den Anderswelten immer deutlicher und deutlicher.

Die Visionssuche auf Lanzarote im Jahr 2019 vertiefte diese Erfahrungen zusätzlich und ich wurde aufgefordert mein erstes spirituelles Buch »Anleitung zum Glück« und danach »Du bist die neue Welt« zu schreiben. Es folgten und folgen weitere Kreationen, ebenfalls Auftrags- und Zusammenarbeiten aus und mit der hohen geistigen Welt. So entstand auch dieses Buch, in Zusammenarbeit mit der lichten geistigen Welt, die mich leitet und inspiriert und mir als medialer Autorin zu verstehen gibt, was für Dich jetzt nützlich und wichtig ist.

Dieses zauberhafte Arbeitsbuch entstand, in das mein Wissen und meine Erfahrungen zusammenfließen, um Dir einen neuen Blick und eine intuitive Arbeits- und Herangehensweise für Deine Magie der Rauhnächte zu ermöglichen.

2017 entstand ein hybrides Gemeinschaftsprojekt zu den Rauhnächten zusammen mit einer Freundin, zu dem wir einen Präsenzkurs und etliche Online-Elemente entwickelten und diesen Kurs einige Jahre gemeinsam, erfolgreich anboten, unsere Erfahrungen austauschten und immer weiter vertieften. Mittlerweile haben wir jede einen eigenen Kurs mit eigenen Schwerpunkten daraus abgeleitet und bieten nurmehr auch reine Online-Rauhnachtsbegleitungen an. So ist dieses Arbeitsbuch »Deine Magie der Rauhnächte« das Ergebnis vieler persönlicher Erfahrungen, bunt aufgemischt mit Einweihungen, Erlerntem, Angewendetem und dem Wispern aus der Anderswelt.

So wie es eben gerade überall geschieht, dass wir uns unser altes Wissen aktuell entwickeln und zurückerobern dürfen. Über Wissen von außen, als Leihgabe aus anderen Kulturen, finden wir so schließlich wieder zu uns selbst, zu unseren Ursprüngen und eigenen Traditionen zurück. Wir finden zurück zu unserer wahren Natur, von der wir so lange getrennt waren. So soll Dir dieses Buch Dir eben genau dazu dienen, Dich auf Deinen Weg zurück zu Dir selbst zu begleiten.

Deshalb werde ich Dir in diesem Buch auch keinen historischen Abriss über die Rauhnächte geben. Da ich weder in einer Heilerfamilie geboren bin, noch in einer ländlichen Region, wo Wissen dieser Art noch in Familien oder vom Heiler im Dorf ganz selbstverständlich praktiziert und weitergegeben wurde. Noch werde ich mich über das Wäschewaschen an den Tagen zwischen den Jahren, wie die Rauhnächte auch genannt werden, auslassen.

Denn ich kann mich in diese Fragen nur aus meiner heutigen Sicht einfühlen und nichts konkret Überliefertes zur Spekulation beitragen. Ich bin mir jedoch sicher, dass sie früher auf jeden Fall Sinn machten, diese Regeln und Gebräuche rund um die zwölf Rauhnächte. Wir haben jedoch den Zugang und die Informationen, warum das früher so gemacht wurde, einfach verloren oder vergessen. Ich vermute, es ist dann wohl auch nicht mehr wirklich wichtig oder relevant, denn sonst hätten wir das Wissen darüber alle noch parat oder es würde in uns auftauchen.

Was ich also nur selbst irgendwo recherchiert und zusammengetragen hätte und wo ich nicht die ursprüngliche Geschichte dahinter, wie ich oder meine Ahnen sie tatsächlich erlebt haben kenne, werde ich nicht in diesem Buch für Dich niederschreiben. Denn diese Informationen findest Du in zahlreichen Schriftstücken über die Rauhnächte, auch frei zugänglich im Internet. Und kein Mensch weiß mehr, wer wo was wie abgeschrieben oder sich Inspiration gesucht hat.

Jedoch auch wenn wir vieles nicht mehr traditionell erlernt haben, es gibt sie auch heute noch, diese zwölf magischen Tage und Nächte. Und das sicherlich nicht ohne Grund! In unserem gregorianischen Kalender, den wir auf Verordnung des Papstes Gregor XIII seit 1582 nutzen und der den bis dahin geltenden julianischen Kalender ablöste (ertappt, hier habe ich doch die Zahlen recherchiert, jedoch hieß es, es wäre an dieser Stelle relevant), scheinen sie damals einfach irgendwie überzählig gewesen zu sein. Doch bereits zuvor wurde diese magische Zeit im Jahresverlauf genutzt. Zu dieser Jahreszeit konnte man langsam erahnen, dass die dunkelste Zeit des Jahres nun endlich vorüber war. Kurz nach der Wintersonnwende, also und dem scheinbaren Stillstand und dem Verharren auf diesem maximal dunkelsten Punkt im Jahreskreis. Nicht zufällig findet sich in diesem Zeitraum auch das Weihnachtsfest der Christen. Es sind zu dieser Zeit nun langsam bereits erste Veränderungen in der Natur wahrzunehmen. Das Licht kehrt jeden Tag ein bisschen mehr zurück, bis schließlich am 2. Februar mit dem Fest Imbolc oder Maria Lichtmess, das Licht sicher und fest verankert im Jahr, der Jahreskreis von vorne beginnt. Und einmal mehr erahnen wir, wie gekonnt die alten magischen Tage im Jahreskreis von der Kirche übernommen wurden. Doch das nur mal so am Rande.

Die Tage zwischen den Jahren, umgibt eine besondere Energie. Eine Energie, die ahnen lässt, dass es so viel mehr gibt zwischen Himmel und Erde, als vielen bewusst ist. Atemlos, verharrend, vorbereitend. Eine Zeit, die geeignet ist, im kommenden Jahr, durch bewusstes Handeln, das zu erschaffen, was man wirklich wünscht. Magisch, mystisch, zauberhaft – alles scheint in dieser Zeit möglich. Und fast scheint es eine Notwendigkeit, noch einmal ganz bewusst hinzuschauen, was man in dieser Zeit als Samen setzt für das kommende Jahr.

Und so fühlen sich in den vergangenen Jahren und insbesondere in den letzten drei Jahren immer mehr Menschen von dieser besonderen Energie angezogen. Die Sehnsucht der Menschen nach den Wurzeln, nach der eigenen Natur und damit dem Spirituellen scheint immer mehr zu wachsen und die Rauhnächte sind ein Weg dazu, wieder Halt und Hoffnung und Sinn zu finden. Die Möglichkeit in scheinbar äußerer Ohnmacht, doch dem Schicksal und der Zukunft eine positive Wendung geben zu können, in dem man geeignete Handlungen dazu ausführt. Einen bewussten Samen in die fruchtbare Erde des Jahres zu geben, um bewusst zu erschaffen, was man sich für sich und sein Leben wünscht.

Mein Zugang zu den Rauhnächten ist ein intuitiver. Dabei gehe ich vor, wie ich es gelernt und so lange praktiziert habe als Praktizierende, als Frau, als Heilerin, … nach meinem Gefühl, eingebunden in den Rhythmus der Jahreszeiten, den Jahreskreisfesten und der Intuition. Ich schreibe Dir, was mir aus meiner Anbindung an die hohe lichte geistige Welt heraus, als Worte und Energie in diese Zeilen fließt.

Du brauchst, um mit diesem Buch zu arbeiten, nichts auswendig lernen. Du brauchst nichts tun, was für Dich nicht passt. Nichts, was ich schreibe, verlangt die absolute Gültigkeit. Es ist eine Momentaufnahme und darf und soll sich sogar weiterentwickeln und anpassen an Dich und an unsere sich beständig wandelnde, moderne Lebensweise und Welt. Du entscheidest!

Du kannst alle Übungen und Vorgehensweisen miteinander mischen oder Dich genau daranhalten. Du kannst deine Lieblingsübungen weiterentwickeln oder zusätzlich Neues einbinden … Mir geht es darum, dass Du alles mit Deinem Herzen überprüfst. Denn Du hast bereits alles, was Du brauchst, um zu wissen, was für Dich das Richtige ist. Denn Du bist in Deinem Kern bereits perfekt. Du brauchst dazu nichts. Denn: Du bist das Licht! Und so habe ich diesen Satz auch als das Motto, für dieses Arbeitsbuch gewählt: Du bist das Licht, erinnere Dich!

So geht es mir in diesem Buch auch vornehmlich darum, Dich ins Fühlen zu bringen und Dir Möglichkeiten zu bieten, wie Du selbst wahrnehmen lernen kannst, was für Dich generell und natürlich während der Rauhnächte stimmig ist.

Erinnere Dich! Was fühlt sich für Dich jetzt gerade richtig an? Und das, was Du während der Rauhnächte für Dich geübt, praktiziert hast und liebgewonnen hast, möchtest Du dann vielleicht auch in Dein normales Leben unterm Jahr einfließen lassen? Um wieder hell zu strahlen und ein Leben in Glück und Leichtigkeit zu führen ... – Denn wir brauchen in diesen Zeiten mehr wahrhaftige, authentische Menschen, die auf ihr Herz hören und ein Leben in Freude und Mitgefühl leben oder leben wollen. Denn das sind die Samen, die in der Gegenwart die Zukunft erschaffen, die wir uns erträumen und wünschen.

So ist dieses Buch und die dazugehörigen Karten ganz in magische Lichtenergie getaucht. Das Motto lautet: Du bist das Licht, erinnere Dich! Denn Licht und eine höhere Schwingung ist genau das, was wir als einzelne Menschen und auch als gesamte Menschheit so sehr für die Lösung unserer vielen Probleme gebrauchen können.

> Eine Lösung findet sich
> niemals auf der Ebene des Problems,
> sondern immer in einer höheren Ebene und einer höheren
> Schwingung.

Und jeder einzelne ist immer und immer wieder dazu aufgefordert ganz bewusst an dieser höheren Schwingung zu arbeiten und aus dieser heraus lichtvoll zu manifestieren und erschaffen. Ich danke Dir schon heute dafür, dass Du als bewusste Seele in diese so wertvolle Arbeit einsteigst und Deinen Platz im großen Ganzen einnimmst.

Wie fühlen sich also die bevorstehenden Rauhnächte für Dich an?
Vielleicht ist es Dir schon einmal aufgefallen, die Rauhnächte fühlen sich auch jedes Jahr ein wenig anders an, denn es geht schließlich um Energien. Die Rauhnächte sind eine energetisch besondere Zeit. Da die Welt sich dreht, sich die Menschheit entwickelt, Du persönlich wächst – wird kein Jahr dem anderen gleichen. So, wie Du niemals in den selben Fluss steigen kannst, wie das das Sprichwort so schön beschreibt, so wirst Du die Rauhnächte und dieselben Erfahrungen niemals wiederholen oder zweimal erleben können.

Es ist also ganz natürlich, dass Dinge sich verändern, wenn Du Dich veränderst. Denn, nichts ist so beständig wie der Wandel – frei nach dem griechischen Philosophen Heraklit …

So starte also heute direkt und komme ins Tun für Deine Veränderung. Nutze dieses Rauhnächtebuch als ein Arbeitsbuch und beginne mit der ersten Übung.

Schreibe die Jahreszahl des kommenden Jahres auf einen Zettel und lege Deine Hand darauf. Nimm einfach die, mit der Du es besser kannst oder nach der Du Dich gerade fühlst. Und dann schließe die Augen und fühle. Nimm Dir für diese Übung mindestens 5 – 10 Minuten Zeit. Was geschieht? Was nimmst Du wahr? Wie fühlt sich das kommende Jahr an?

Notiere zusammenfassend Deine ersten Beobachtungen.

_____

_____

_____

_____

_____

_____

_____

_____

_____

_____

So geht's – Arbeiten mit diesem Buch

Und gleich geht es konkret weiter. Damit Du Dich in diesem Arbeitsbuch leicht zurechtfindest, habe ich es wie folgt für Dich aufgebaut:

- Ab dem 21. – 24. kannst Du mit den Seiten zu den Vorbereitungen und dem Abschluss des zurückliegenden Jahres für Deine magischen Rauhnächte beginnen.
- Ab dem 24. folgen dann 12 Tagesimpulse mit der jeweiligen Tages-/Monatsenergie.
- Jeder Tag der 12 Rauhnächte ist mit einem Deckblatt versehen.
- Im Anschluss daran folgen Impulse, Gedanken in Form von Texten, Gedichten, Übungen, Anleitungen zur jeweiligen Tagesenergie.
- Es gibt Raum zum Schreiben, um direkt im Buch Deine Ergebnisse und Erkenntnisse aus den magischen Rauhnächten zu notieren.

Die jeweiligen Abschnitte für den Tag arbeitest Du für Dich durch, passt sie für Dich an, begibst Dich in den Fluss der Energien ... in Deinem Tempo und Rhythmus – bis das Deckblatt des folgenden Tages auftaucht. Dann stoppst Du und liest erst am nächsten Tag weiter.

TIPP 1: Es hat sich auch bewährt immer zur gleichen Zeit des Tages, Dir Deine Rauhnachts-Auszeit zu nehmen. Damit stellt sich eine gewisse Routine ein und Du findest leichter in die notwendige Energie. Gleichzeitig vergrößerst Du die Chance, dass Du Dir auch wirklich diese Zeit für Dich nimmst und sie im Alltag nicht einfach unten durchrutscht.

TIPP 2: Auch ein immer gleicher, geschmückter Platz, eine Kerze, das gleiche Räuchermittel, besinnliche Musik, eine Tasse Tee ... unterstützen Dich, diese Zeit noch besinnlicher und gleichzeitig wirkungsvoller zu gestalten. Diese Dinge wirken wie ein energetischer Anker und vereinfachen Dir ebenfalls Dich täglich in Deine Rauhnachts-Zeit einzustimmen und einzutunen.

- Für den Abschluss und die Manifestation von dem, was Du Dir in dieser intensiven Zeit als Dein kommendes Jahr erträumt hast, folgt dann noch für den 6. Januar eine **Anleitung für die Arbeit mit Deiner Jahreskollage.**
- Außerdem gibt es diverse Meditationsreisen, beispielsweise eine Meditation zur Einstimmung und zum Abschluss der Rauhnächte.
- Schließlich findest Du viele Tipps und Inspirationen für die weiterführende Arbeit mit den Rauhnachtsenergien im kommenden Jahr. Denn je konkreter Du Deine Erlebnisse anwendest, desto intensiver werden Deine Ergebnisse sein.

Die Zuordnung der Titelbilder der 12 Rauhnächte entspricht den jeweils 12 Titelblättern des allgemeinen Rauhnachts-Kartensets »Deine Magie der Rauhnächte – Du bist das Licht« mit insgesamt 46 Karten. Alle Fotos und Titelblätter aus diesem Buch findest Du als farbige und energiestarke Abbildung in diesem wunderschönen Set.

Mit der ergänzenden Kartenarbeit kannst Du zum jeweiligen Tag weitere Impulse nutzen und noch tiefer in die Botschaften und Energien eintauchen, wenn Du das wünschst. Die diversen Kartensets zu den Rauhnächten oder darüber hinaus sind wunderbar miteinander in der Arbeit zu kombinieren und besonders für Fortgeschrittene Anwender zu empfehlen. Du findest im Kapitel Orakeln konkrete Anwendungsmöglichkeiten.

TIPP 3: Du kannst Dir ergänzend zu diesem Buch und den Möglichkeiten, darin zu schreiben, auch noch ein schönes Schreibheft oder Notizbuch besorgen. Dieses kannst Du für Deine Erkenntnisse und alles, was Dich so zusätzlich während dieser Rauhnächte beschäftigt nutzen. Wenn Du ein Buch mit etwas dickerem Aquarellpapier nimmst, kannst Du dieses dann beispielsweise auch für Malprozesse nutzen.

Nun wünsche ich Dir also eine wundervolle, lichtvolle und magische Rauhnachtszeit und vor allem ganz viel Spaß!

Deine

PS: In der Facebook-Gruppe »Die Magie der Rauhnächte« freuen wir uns über Deine Rückmeldungen, Gedanken und was Dich sonst noch in dieser Zeit beschäftigt – gerne zu jeder Aufgabe oder Übung der 12 Tage.

Auch kannst Du Dir hier viele Anregungen zur Vorbereitung, dem Räuchern, dem Orakeln, … holen oder auch die Infos der vergangenen Jahre durchschmökern und Dich inspirieren lassen. Du klinkst Dich einfach so ein, wie es für Dich stimmig ist!

Titelblatt 1 – Du bist das Licht, erinnere Dich!

Vorbereitung

Es geht los

Nun lass uns also starten. Mache Dich bereit und lass Dich auf die neuen Erfahrungen ein. Öffne Dich für die Möglichkeiten und komm mit mir auf die Reise in Deine Magie der Rauhnächte. Erwarte alles und nichts. Lasse los, was Du schon kennst oder meinst, wie die Dinge zu sein haben. Ich führe Dich in Deine innere Welt der Wahrnehmung und damit wieder ein Stück näher zurück zu Dir. Nichts muss, alles darf.

Starte also nun mit der Vorbereitungsphase, mit der Du ab dem 21. bis 24. Dezember beginnen kannst. Ich spüre allerdings oft schon viel früher die innere Notwendigkeit dazu, mich vorzubereiten und das alte Jahr abzuschließen. So bin ich häufig bereits die ganze Adventszeit mit dem Abschluss des vergangenen Jahres beschäftigt, manchmal sogar ab Allerheiligen im November.

Denn bereits ab Allerheiligen sind Tore und Grenzen zur Anderswelt durchlässiger – vielleicht hast Du es in diesem Jahr auch besonders gespürt? Oft liegen außerdem Portaltage, also Tage die ebenfalls energetisch sehr besonders sind, vorgelagert oder in dieser Zeit. All das kann die die Prozesse verstärken oder unterstützen. Es könnte also sein, dass Du verstärkt mit Deinen Themen im Innen und Außen konfrontiert bist oder Du hast möglicherweise kraftvolle Ideen davon, was jetzt angegangen werden muss. Auch kann es geschehen, dass Du intensiver träumst als sonst. Wobei aktuell die Energien im Allgemeinen schon sehr herausfordernd wirken und ich kaum jemanden kenne, der nicht noch einmal in die Tiefen seiner Themen eintauchen darf. Das hat mit dem großen Wandel zu tun und ist normal! Mit Dir ist alles in Ordnung, ganz gleich wie es sich Dir gerade zeigt.

Du bist ein Meister, der übt![1]
frei nach Jwala Gamper

Alles, was verborgen lag muss nun in die Sichtbarkeit. Und so bist Du vermutlich auch deshalb bei diesem Text gelandet, um mit diesem Arbeitsbuch Deine Magie der Rauhnächte noch einmal tief in die Heilung Deiner alten Verletzungen, Schmerzen, Traumen und Wunden einzutauchen. Ganz gleich, wie herausgefordert Du gerade sein magst oder wie schlimm Dir die Welt um Dich herum gerade erscheint, sei Dir gewiss, dass genau das ein Teil Deines Heilungsweges ist. Das womit Du gerade bist, das ist das, worum Du Dich jetzt kümmern solltest. Das ist Dein Weg, Deine Aufgabe! Möglicherweise darfst Du nun endlich damit abschließen, es annehmen und schließlich darüber hinauswachsen.

Nutze deshalb zielgerichtet für Dich die verbleibenden Tage bis zur ersten Rauhnacht. Und fühle Dich frei, dieses Buch für Dich als Arbeitspapier zu verwenden und den Impulsen so zu folgen, wie sie für Dich stimmig sind. Ändere ab, was und wie Du es möchtest. Lasse weg oder ergänze, wie es für Dich passt. Es gibt kein richtig oder falsch.

Es gibt nur Dich und Dein Bauchgefühl und Dein Herz. In dem wir dem folgen, was das Herz sagt, holen wir die Macht für ein selbstbestimmtes und glückliches Leben wieder zu uns zurück. Und genau darum geht es in diesem Wandel: Sich wieder selbst zu ermächtigen und Dich zu erkennen, als die einzige wichtige Instanz in Deinem Leben. Erhöhe Deine Schwingung und das Licht, das aus Deinem Herzen strahlt. Denn das ist Dein wahrer Kern und damit machst Du einen entscheidenden Unterschied.

So nutze also dieses Buch als ein wunderbares Übungsfeld dafür, wieder zu spüren und in Dich hineinzuhören, wie es für Dich in diesen Rauhnächten stimmig und richtig ist und dann setze genau das für Dich um! Vertraue auf Dein Gefühl. Ganz gleich, was andere sagen oder wie es irgendwo geschrieben steht.

---

[1] https://signshop.tirol/signkarte-ziehen-de/480/ich-bin-ein-meister-der-uebt. -aufgerufen am 9.03.2023

Es geht nun darum, während der magischen Rauhnächte, über das bewusste Erkennen, von dem, was in Dir ist, für Dein kommendes Jahr konkret zu manifestieren, also zu erschaffen, was Du Dir wünscht.

Das funktioniert über das Fühlen, sich Zeit und Raum nehmen. Es ist kein Abarbeiten oder Erledigen von irgendwelchen Listen oder To-Do's. Nur, wer sich auf sich selbst einlässt, wird die Magie für sich entdecken, um dann daraus ein erfülltes Leben zu kreieren.

Vielleicht ist Dir gerade, während Du die letzten Zeilen gelesen hast, etwas eingefallen, was Du unbedingt oder unbedingt so nicht, während dieser Rauhnächte tun oder auf was Du besonders achten möchtest. Dann notiere das doch direkt hier oder in Deinem separaten Rauhnachtsbuch. Was Du schreibst, bleibt.

_____

_____

_____

_____

_____

_____

_____

_____

_____

_____

_____

21.- 24. Dezember

Titelblatt 2 – Abschließen und Frieden finden.

RÜCKBLICK

Nimm Dir Zeit und Raum für Dich.
Schließe ab.

DEIN PERSÖNLICHER KRAFTPLATZ

Bereite Dir einen Platz für die kommenden Rauhnächte, an dem Du Deine magische Zeit ungestört verbringen kannst. Suche Dir Gegenstände und Bilder, die Dir besonders gefallen und die Dich nähren, stelle sie an diesem Platz auf. Vielleicht suchst Du Dir Musik und Düfte oder besonderes Räucherwerk aus, die Dich während dieser Zeit begleiten sollen. Alles, was Dir gut tut, Dir wohl tut, ist erlaubt. Diese Dinge dienen Dir dann wie eine Erinnerungsstütze für Dein System, um jeden Tag immer leichter in diese besondere Stimmung, einen Zustand der Entspannung, Besinnlichkeit und Ausrichtung zu gelangen. Folge dabei Deiner Intuition, damit dieser Platz Dein ganz persönlicher Kraftplatz wird.

Gut ist es auch, eine Kerze zu nutzen und diese jeweils während Deiner Rauhnachtszeit anzuzünden. Ich nutze außerdem schöne Kissen, ein Schaffell und eine besonders gemütliche Decke – bereite Dir Deinen Platz einfach so, wie es für Dich schön und angenehm ist.

Da unser System sehr schlau ist, kannst Du es außerdem auch damit unterstützen, dass Du immer zur gleichen Zeit und auf die gleiche Weise in Deine Rauhnachtszeit eintauchst. Ich liebe es beispielsweise immer abends nach dem Abendessen, mich für eine Stunde von der Familie zurückzuziehen. Sie wissen dann, dass sie mich währenddessen nicht stören und auch nicht durch die geschlossene Zimmertüre zu mir ins Zimmer poltern ...

Möchtest Du Dir noch etwas für Deine Rauhnachtszeit besorgen, am besten notierst Du das direkt hier.

_____

_____

_____

ABSCHLUSS DES JAHRES

Um das alte Jahr gut abzuschließen ist es absolut sinnvoll, ein Abschlussritual für Dich durchzuführen. Was braucht es, damit Du das Alte, Vergangene gut im alten Jahr zurücklassen kannst? Es benötigt, dass Du die Energien davon von Dir abtrennst und dazu gehe wie folgt vor:

Schreibe Dir eine Liste mit all den Dingen, die Du bis Jahresende noch zurückgeben oder erledigen möchtest und erledige diese dann auch:

- Schulden bezahlen
- Unerledigtes, Aufgeschobenes erledigen
- Geliehenes zurückgeben
- Unausgesprochenes Aussprechen (eventuell: aufschreiben und verbrennen)
- Dinge klären
- Ballast abwerfen/ Ecken aus- und aufräumen
- Danke sagen
- _____
- _____

Oder Du machst diesen sehr intensiven Schreibprozess für Dich zum Abschluss des vergangenen Jahres. Schreibe dazu die folgenden Punkte auf 12 einzelne Blätter. Ich habe mir die folgenden Fragen beispielsweise per Computer abgetippt und ausgedruckt. Zur Vorbereitung auf die Rauhnächte nutze ich dann die gleichen Blätter jedes Jahr wieder.

1. Wo und wem schulde ich etwas?
2. Was gehört nicht mir?
3. Was muss/darf ich zurückgeben?
4. Was ist unausgesprochen?
5. Was muss geklärt werden? Was muss geschlichtet werden?

6. Was darf ich wertschätzen?
7. Wo muss ich aufräumen?
8. Welchen Ballast darf ich abwerfen?
9. Was brauche ich nicht mehr?
10. Was steht mir im Weg?
11. Was muss ich dringend tun?
12. Wofür will ich mich bedanken?

Abb. 1 – Spirale zur Reinigung

Lege die Fragen in Deinem Raum auf den Fußboden, in Form einer linksdrehenden Spirale (also gegen den Uhrzeigersinn). Beginne außen mit Punkt 1 und ende in der Mitte der Spirale mit Punkt 12. Nun nimm Dir Dein zusätzliches Schreibheft oder einige leere Blätter und mindestens ca. 35 Minuten Zeit. Stelle Dir Deinen Timer am Handy auf mindestens 3 Minuten oder mehr.

Nun beginne auf Blatt Nummer eins. Lese die Frage auf dem Blatt, dann stelle oder setze dich darauf. Starte Deinen Timer und beginne in Deinem Schreibheft zu schreiben. Schreibe alles, was Dir einfällt. Lasse einfach fließen. Das Ziel bei diesem Schreibprozess ist es, an Deinem Verstand vorbei alles rauszulassen, was kommen mag und damit auch Zugang zu Verborgenem oder Unterbewusstem zu erhalten.

Wenn der Timer klingelt, dann wechsle zum nächsten Blatt und verfahre dort ebenso und immer so weiter.

Diese Übung ist beendet, wenn Du in der Mitte angelangt bist und für jede der 12 Fragen mindestens 3 Minuten geschrieben hast.

Im Anschluss erstelle Dir als Ergebnis aus diesem Prozess hier im Buch eine Todo-Liste, von den Dingen, die Du noch bis zu den Rauhnächten erledigen willst.

To-Do-Liste

Gibt es Streitigkeiten oder Unfrieden in Dir mit jemandem oder einer Sache, einem Geschehnis? – So kannst Du auch dieses nun hinter Dir lassen. Dazu schreibe Dir alles auf einem separaten Blatt Papier von der Seele, das Dich belastet und verbrenne den Zettel dann feierlich. Du kannst diesen auch an ein fließendes Gewässer übergeben mit der Bitte, dieses Thema zu transformieren und vor allem die Energien von Dir abzulösen und Dich und Dein Energiefeld zu reinigen.

Erkenne, dass alles, was geschieht immer zu Deinem Wohle ist und Dir dazu dient, zu wachsen – in die beste Version Deiner selbst. Nichts geschieht ohne Grund. Niemand ist nur einfach so in Deinem Leben.

Entweder es ist ein Geschenk oder eine Aufgabe, ein Lerninhalt damit verbunden. Gelingt es Dir, diese übergeordnete Perspektive immer und immer wieder zu finden und daraus zu lernen, so wirst Du schneller und nachhaltiger persönlich reifen und wachsen. Denn Dein Leben braucht Dir dann das gleiche Thema in neuem Gewand nicht noch einmal schicken!

Notiere Dir Deine weiterführenden Erkenntnisse aus diesem Prozess. Gibt es aus der höheren Perspektive gesehen Gemeinsamkeiten? Was kannst Du daraus für Dich für Dein kommendes Jahr anleiten? Was willst Du verändern?

_____

_____

_____

Foto 1
Sich bewusst machen und ehren.

Auf der nächsten Seite findest Du ein Gebet, das Du nutzen kannst, um das alte Jahr in Dankbarkeit abzuschließen.

Gebet

Ich danke von Herzen für alle meine Erfahrungen und Segnungen im vergangenen Jahr.
Alles, was war, ist geschehen und lässt sich nicht mehr ändern.
Alles geschah aus einem Grund. Alles, was ist nehme ich in Dankbarkeit an.
Wenn ich oder meine Familie, meine Verwandten oder meine Vorfahren, wissentlich oder unwissentlich, jemanden beleidigt, verletzt oder in unwürdiger Weise behandelt haben, in Worten, Gedanken, Verhalten, Energie oder Taten, dann bitte ich hiermit um Vergebung.
Ich gebe zurück, was nicht mir oder uns gehört.
Und ich verzeihe allen, die mich ebenso unwissentlich oder wissentlich, beleidigt, verletzt, gekränkt oder in unwürdiger Weise behandelt haben. Lasst dieses Gebet Reinigung, Auflösung und Transformation in höchstes Licht sein – von allem, was nicht länger zu uns gehört oder unserem höchsten Ziel und der höchsten Bestimmung dient.
Zum höchsten Wohle von allem, was ist.

Amen[2]

Foto 2
Es ist Zeit, das Alte zu beenden.

---

[2] Angelehnt an Gebete aus aller Welt und die Praxis des Betens, Stefan Mandel

VERTRAG MIT DIR

Auch kannst Du für mehr Verbindlichkeit und, dass Du wirklich diese Zeit der Rauhnächte für Dich nutzt, einen Vertrag mit Dir abschließen. Wie und wann willst Du Dir Zeit für Dich selbst nehmen während des Weihnachtstrubels? Formuliere, wie es für Dich stimmig ist.

Diesen Vertrag schließe ich mit mir selbst ...

_____

_____

_____

Datum, ..., Unterschrift ....

Dieses kleine Ritual dient dazu, Deine Wünsche und vor allem Dich genauso wichtig zu nehmen, wie Du alle anderen wichtig nimmst. Denn uns selbst vergessen wir allzu oft, wenn viel los ist.

Der wichtigste Mensch in Deinem Leben, bist und bleibst jedoch immer Du! Deshalb darfst Du Dir auch erlauben, Dich während dieser Rauhnächte besonders wichtig zu nehmen und wirklich sehr gut für Dich zu sorgen. Nur wer selbst gut da steht, gefüllt und genährt ist, kann auch anderen etwas davon abgeben.

Zur Vorbereitung möchte ich Dir nun außerdem noch eine wertvolle Meditation mit auf Deinen Weg geben. Du kannst diese und auch die anderen Meditationen aus diesem Buch als Memo auf Dein Handy aufsprechen, so kannst Du Dich selbst in die Entspannung führen und tief von dieser geführten Meditation profitieren.

Meditationsreise – Lichtvolle Samen setzen

Mache es Dir also dort, wo Du jetzt gerade bist, bequem. Du kannst sitzen oder liegen. Schließe deine Augen und atme tief ein und aus. Mit jedem Atemzug nimmst Du wahr, wie sich dein Körper immer mehr und mehr entspannt. Sollten Gedanken auftauchen, so lasse sie ziehen wie Wolken am Himmel, ohne sie zu festzuhalten oder sie weiter zu schieben. Mit jedem Atemzug nimmst du wahr, wie Dein Körper und Dein System immer mehr und mehr entspannt.

Nun kannst Du wahrnehmen, wie vor Dir ein wunderschöner kleiner Weg vor dir auftaucht, der durch eine wundervolle Sommerwiese führt. Es duftet nach Sommer und die Blumen blühen und wachsen üppig und duften herrlich. Alles ist sicher und wunderschön. Nun folgst du diesem Weg entlang. In der Ferne hörst Du die Vögel zwitschern und ein Bächlein gurgeln, die Insekten summen, alles ist friedlich und idyllisch. Nun folgst Du dem Weg bis zu einem Waldrand. Du erkennst diesen Platz, Du warst hier schon einmal. Mit ein paar Schritten trittst Du in den Wald ein und da liegt ein wunderschöner See. Genauso, wie es jetzt für Dich passt. Du kennst dich hier aus und fühlst Dich wie zuhause. Du begrüßt den Platz und Dein Lichtwesen, das nun freudig herbeieilt. Ihr begrüßt euch auf Eure Weise und dein Herz füllt sich mit Freude, denn du weißt was nun geschehen wird.

Das Lichtwesen ist Dir nun behilflich deine Kleidung abzulegen. Jetzt gehst Du an das Ufer des Sees und lässt Dich hineingleiten, in dieses warme und angenehme, wundervolle Wasser. Es ist klar und trägt Dich. Du spürst es angenehm auf deiner Haut, du kannst sofort die ganze Kraft des Wassers wahrnehmen und wie es jetzt beginnt deine Zellen zu reinigen, bis in die kleinsten Teilchen deines gesamten Systems, alles zu reinigen, alles zu entfernen was geht jetzt nicht in höchster Ordnung schwingt. Alles darf nun gehen aus Deinem System, was Dir nicht mehr dienlich ist. Und Du schwimmst ein paar kräftige Schwimmzüge in die Mitte des Sees. Du spritzt vergnügt mit dem Wasser und tauchst nun ganz unter, auch mit dem Kopf, um ganz gereinigt und sauber wieder zurück an die Oberfläche zu kommen.

Du spürst, wie Dich das göttliche Wasser nun füllt. Du lässt dich davon tragen und Du fühlst Dich immer leichter und unbeschwerter, fröhlich und ausgelassen. Und du nimmst wahr, dass sich nun dein System beginnt zu füllen mit diesem goldenen, göttlichen Licht des Wassers. Wie goldener Honig fließt es in Dich ein und beginnt dich auszuleuchten, dich zu erleuchten, dich ganz zu füllen mit allem, was Du nun benötigst. Alle Fähigkeiten, alle Möglichkeiten, alle förderlichen Gefühle. Es erfüllt Dich, macht dich satt, genährt und im Herzen gefüllt und glücklich.

Du kannst nun wahrnehmen, wie Du beginnst von innen heraus zu strahlen und wie dieses göttliche Licht auch Deine Aura ganz ausleuchtet. Immer heller und heller strahlst Du. Und nun füllt dieses Licht Deinen Raum aus, in dem Du gerade bist und die Menschen, Tiere oder Pflanzen, die um Dich sind. Dann strahlt das Licht weiter in Dein Haus, zu Deiner Familie, zu Deinen Ahnen, zu Deinen Freunden und Nachbarn.

Das Licht weitet sich immer weiter aus und strahlt nun in Deinen Wohnort, Deine Region, in der Du lebst, dann in Dein Bundesland, Dein Land, Deinen Kontinent und schließlich zu Mutter Erde. Du nimmst wahr, wie nun aus Deinem Herzen zu Mutter Erde Licht, Segen und Dankbarkeit fließen. Du kannst beobachten, wie Du ihr dankst für den liebevollen Dienst, den sie tut. Von ihr kommt alles und zu ihr geht alles. Und Du spürst, wie auf vielen Ebenen nun Heilung geschehen kann, wie dieses Licht nun wertvolle Samen setzt, für Dich und Deine Liebsten, aber auch für die Menschheit und diesen Wandel. Du bleibst in diesem Austausch und dieser Verbindung und bist Dir bewusst, dass Dein Licht auch im Universum und darüber hinaus eine Wirkung hat.

Nun kehrst Du mit Deinem Bewusstsein wieder zurück zu Deinem See und Du kannst wahrnehmen, dass es jetzt Zeit wird, wieder zurückzukehren. Wenn es für Dich passt, steigst Du aus diesem wundervollen Wasser wieder aus, genau dort, wo Du vorher in diesen wundervollen See eingestiegen bist.

Dein Lichtwesen, Dein lichtvoller Begleiter erwartet Dich bereits, er hat Dir neue Kleidung zurechtgelegt. Dein lichtvoller Begleiter unterstützt dich so wie es gerade passt, beim Ankleiden. Ihr wisst, Deine Zeit hier geht nun für dieses Mal zu ende. Ihr nehmt euch an die Hände und blickt Euch tief in die Augen.

Wenn Du noch eine Frage hast, Dich etwas beschäftigt, kannst du nun wahrnehmen, wie eine Antwort aus der Tiefe Deines Herzens aufsteigt. Und auch wenn du es vielleicht gerade noch nicht bewusst wahrnehmen kannst, so sei dir gewiss, sie ist in deinem Herzen. Und wenn du sie zu einem späteren Zeitpunkt benötigst, wird sie Dir einfach zur Verfügung stehen. Du verabschiedest Dich nun, bedankst Dich und du weißt, du wirst hierher zurückkehren, wann immer Du es möchtest.

Nun gehst Du aus dem Wald über den kleinen Weg durch die wunderschöne Blumenwiese. In der Ferne gurgelt der Bach. Du gehst zurück bis zu der Stelle wo Du Deinen Weg angetreten bist und findest Dich wieder zurück auf Deinem Platz, in Deinem Zimmer. Wenn du bereit bist und das Erlebte voll integriert hast, öffnest Du in Deiner Geschwindigkeit Deine Augen und bist wieder ganz im Hier und Jetzt Deiner Realität und Deinem physischen Körper angekommen.

Das ist eine sehr wertvolle Meditation, die für Dich, Dein Umfeld, Deine Familie, Deine Ahnen und für die ganze Welt wertvolle und weitreichende, positive Impulse und Samen sät. Was ich gerade in dieser Zeit, in der sich viele fragen, was sie denn überhaupt tun können, besonders wichtig finde.

So möchte ich Dich einladen, diese Meditation auch über die Rauhnächte hinaus zur Anhebung des Lichts und der Schwingung und damit zur Aktivierung Deiner Selbstheilungskräfte zu nutzen – für Dich, uns Menschen und alles was ist.

Denn ganz sicher geht es in dieser besonderen Zeit um Heilung für Dich, in Dir und in Deinem direkten Umfeld. Die täglichen Herausforderungen in der Familie und mit unseren Freunden und Bekannten, sind genau das Übungsfeld, in dem Du für Dich nun große Schritte weiterkommen kannst. Niemand muss gleich auf einmal die ganze Welt retten. Wir sind viele und jeder trägt genau das in die Welt, das für ihn gerade jetzt richtig ist! Weil genau Du so richtig und wichtig bist, so wie Du bist! Denn Du bist das Licht, erinnere Dich!

ORAKELN WÄHREND DER RAUHNÄCHTE

Die Rauhnächte sind traditionell eine Zeit, in der besonders viel und gut orakelt werden kann. Früher las man auch viel aus den Zeichen der Natur. Es gibt mittlerweile wunderbare Kartendecks, die Dir in dieser Zeit wertvolle Dienste leisten können. Lass Dich dazu von Deiner Intuition führen und tue, was sich für Dich richtig anfühlt.

Ich selbst nutze während dieser Zeit viele unterschiedliche Kartensets und wähle diese sehr intuitiv nach meinem täglichen Impuls aus. Auch ziehe ich die notwendige Karte oder mehrere Karten dann »zufällig«. Die gezogene Karte fotografiere ich, drucke sie aus und klebe sie in mein Rauhnachtsbuch, um die Energie und den Denkanstoß auch im folgenden Jahr noch bewusst zur Verfügung und parat zu haben.

Oft verstehe ich die Notwendigkeit für genau diese Karte erst im Nachhinein, wenn ich im entsprechenden Monat gewesen bin. Das kann sowohl auf persönlicher oder auf gesellschaftlicher Ebene erfolgen.

DEIN PERSÖNLICHES ORAKEL

*Foto 3
Nutze die Kraft der Zeichen.*

Oder Du kopierst Dir die Übersicht aller Deckblätter auf der letzten Seite dieses Arbeitsbuches und schneidest die einzelnen Bilder für Dich aus. Diese Deckblätter eignen sich ebenfalls hervorragend dazu, zu orakeln.

Du kannst sie außerdem noch mit Buntstiften oder anderen Farben nach Deinem Geschmack anmalen oder verschönern und diese dann als Deine Karten, Dein persönliches Rauhnachtsorakel nutzen.

Oder Du malst Dir intuitiv Dein eigenes Kartenset mit Aquarellfarben auf geeignetem Papier. Beispielsweise kannst Du auf 12 Blättern vollflächig, wässrige Grundfarben ineinander verfließen lassen, das sieht sehr schön aus, und außerdem:

Kannst Du mit einem oder mehreren fertigen, gekauften Kartenset, z. B. »Deine Magie der Rauhnächte« auf zwei unterschiedliche Weisen für Dich vorgehen:
1. Du kannst entweder die passende Karte zum Datum/Monat heraussuchen
2. oder ohne hinzuschauen eine Karte aus dem Set ziehen.

Ergänzend wähle eine oder zwei weitere Karten aus einem weiteren Set Deiner Wahl.

Diese Karten sind nun Dein Tagesimpuls, mit der besonderen Tagesenergie dieses Tages, der dem entsprechenden Monat des folgenden Jahres entspricht. Darüber kannst Du dann den Tag über sinnieren und Dich weiter dazu inspirieren lassen, sowie alle weiteren Ereignisse dieses Tages zur Karte, dem Bild und dem Text darauf in Verbindung bringen.

13 Wünsche Orakel

In den letzten Jahren entstand ein wahrer Hype um das 13 Wünsche-Orakel. Ich mache es zwar sehr gerne und habe immer wieder erstaunliche Erlebnisse und Ergebnisse damit erzielt. Jedoch ist es wichtig, Dich wirklich auf diesen Prozess und Deine Magie der Rauhnächte einzulassen. Es geht nicht um das materielle Wünschen von irgendwelchen Oberflächlichkeiten oder Dingen, sondern es geht um tiefe Herzenswünsche und Deine persönliche Entwicklung. Immer wieder habe ich Rückmeldungen, dass es nicht funktioniert hat und die und die materielle Sache immer noch nicht vor der Türe stünde. Nun gut, das ist auch nicht wirklich mit diesem Orakel bezweckt!

Es geht vielmehr darum, dass Du diese Zeit zwischen den Jahren, in der die Energien für das neue Jahr noch ganz jungfräulich und rein sind, bewusst die Samen setzt, die dazu geeignet sind, Dein erfülltes Leben zu erschaffen. Je tiefer die Wünsche aus Deinem Herzen kommen, desto eher können sie auch wirklich in Erfüllung gehen. Ich habe damit schon wahre Wunder erleben dürfen.

Wenn Du also möchtest, kannst Du Dir auch noch dieses weitere eigene kleine 13-Wünsche Orakel erstellen.

Setze Dich, nachdem Du nun das vergangene Jahr energetisch verabschiedet und abgeschlossen hast, in Ruhe hin und spüre in Dich hinein, was Du Dir für das neue Jahr wünschst, damit das kommende Jahr vollkommen wird. Welche Wünsche in Deinem Herzen aufsteigen, das sind Deine Herzenswünsche. Du kannst auch das göttliche Licht oder Deine Quelle bitten, Dir die Wünsche zu zeigen, die für das kommende Jahr und für dieses Orakel für Dich relevant sind.

1. Schreibe Dir 13 Zettel mit all diesen Wünschen auf.
2. Falte diese Zettel und lege sie in eine Schachtel.
3. Ab dem 25. Dezember, also der ersten Rauhnacht, ziehst Du jeden Tag einen Zettel und verbrennst ihn, wirfst ihn in ein

fließendes Gewässer oder vergräbst ihn an einem schönen Fleckchen in der Erde – in geschlossenem Zustand natürlich.
4. => Erst den Zettel, der am 5. Januar übrigbleibt, öffnest Du und dieser wird dann Dein besonderer Herzenswunsch für das kommende Jahr.

Und noch eine kleine Anmerkung: Ich finde es völlig gleichgültig, mit welcher Hand Du eine Karte zum Orakeln ziehst oder ähnlicher Schnickschnack. Sich mit solchen unwichtigen Details zu verwirren, bringt Dich weg vom Fühlen. Fang an, probiere aus, fühle hin! Das ist das Einzige, das Du wirklich berücksichtigen solltest: Immer und immer wieder DU! bestimmst, was für Dich stimmig ist.

Räuchern während der Rauhnächte

Da die Zeit zwischen den Jahren traditionell eine Zeit ist, in der auch viel geräuchert wurde und wird, habe ich Dir hier noch eine ganz kurze Anleitung zum Räuchern zusammengestellt. Räuchern wirkt auf vielerlei Ebenen, energetisch und nachgewiesenerweise auch körperlich. In dem Du Dich und Deine Räume räucherst, reinigst Du Altes heraus, schaffst Platz für das Neue und lädst es in Dein Leben ein.

Achte auf hochwertige Räucherware. Dazu kann ich Dir sehr www.labdanum.de empfehlen. Im Shop von Kollegin Christine Fuchs gibt es auch praktische Einsteiger- oder Rauhnachtsräuchersets. Du benötigst keine Vorkenntnisse fürs Räuchern, jedoch gibt es, interessante Seminare, um mit dem Thema Räuchern noch tiefer einzusteigen.

Foto 4
Lass Dich inspirieren. Sinniere über Deinen Impuls.

Ich persönlich liebe es, mich von dem, was um mich herum ist, inspirieren zu lassen. Vielleicht gibt es in einem nahen Wald oder in der Natur etwas Heimisches, das Du räuchern möchtest? Erst letzte Woche beim Spaziergang habe ich trockenes Kiefernharz, einige Mistelzweige und trockenes Moos von den Asten gefunden, welches ich für meine diesjährige, persönliche Rauhnachtsmischung verwenden werde. Alljährlich fallen mir beispielsweise Misteln an meinem Geburtstag vor die Füße. Und wir pflegen seit vielen Jahren und Leben eine intensive Freundschaft.

Oft begegnen uns die Pflanzen, die uns gerade auch optimal mit ihren Gaben auf unserem Weg oder zu einer bestimmten Zeitqualität unterstützen könnten, immer wieder. Erst letztens hörte ich im Radio, dass sich der Nabu (Naturschutzbund Deutschland) besorgt zeigt, weil es in diesem Jahr so viele Misteln in den Bäumen gebe. Da die Mistel eine alte Heil- und Zauberpflanze ist und verbunden mit dem Universum und der höchsten Ausrichtung, finde ich das eine sehr spannende Information.

So möchte ich Dich einladen, einmal in Dich zu gehen und zu spüren, inwieweit uns möglicherweise die Mistel in der aktuellen Situation und im Weltgeschehen unterstützen kann.

Achtung: Kennst Du Dich bei der Wirkung der Pflanzen nicht aus, so lass Dich von einem pflanzenkundigen Menschen beraten oder greife auf fertige Mischungen zurück! Trotzdem kannst Du ja innerhalb dieses sicheren Rahmens Deiner Intuition und Deinem Gefühl folgen.

Welche Pflanze ruft Dich also zum Räuchern während der Rauhnächte? Welche Mischung möchtest Du in diesem Jahr räuchern?

_____

_____

_____

_____

_____

_____

Titelblatt 3 – Energien klären, reinigen, neu strukturieren und aufladen.

Anleitung zum Räuchern mit Kohle

Was Du brauchst

- feuerfestes Gefäß mit mind. 10 cm Durchmesser
- Räucherkohl (Ich verwende am liebsten natürliche Kohle ohne Brandbeschleuniger)
- Traditionelles Räucherwerk, z.b. weißer Salbei, Weihrauch, Copal …
  (Zu den Rauhnächten sind diese reinigenden Kräuter sehr gut geeignet)
- Sand (kein Vogelsand)
- Feuerfester Teller, auf den Du das Räuchergefäß stellen kannst

So räucherst Du Haus & Wohnung

1. Suche Deine Räuchermischung aus und lege sie auf dem Teller bereit.
2. Fülle Sand in das Räuchergefäß.
3. Zünde die Räucherkohle über einer Kerze an, lege sie hochkant auf den Sand und lasse sie ca. 5 Minuten durchglühen. Wenn Du sie dabei anpustest, wird sie schneller einsatzbereit.
4. Bereite Dich innerlich mit Deiner Absicht vor, Dein Haus, Deine Wohnung oder Dich zu reinigen und all das Gute für das kommende Jahr zu Dir einzuladen. Wähle dazu laute oder leise Worte und bleibe mit diesen ausgerichtet während der Räucherung.
5. Sobald die Kohle außen grau ist, kannst Du Dein Räucherwerk auflegen.
6. Du beginnst am besten in der Küche oder im Hauseingang und gehst im Uhrzeigersinn durch die gesamte Wohnung. Falls Du ein Haus räucherst, zuerst den Keller, zum Schluss das Dachgeschoss.

7. Mit einer Feder, einem Fächer, einer Postkarte oder einfach mit der Hand fächerst Du den Rauch in Deine Räume. Räuchere insbesondere auch in die Ecken und folge dabei Deiner Intuition, dann machst Du alles richtig!
8. Halte die Fenster während des Räucherns geschlossen, erst wenn Du mit allen Ecken »durch« bist, kannst Du im Anschluss einmal kräftig durchlüften. Aber sei vorsichtig, wenn Du Rauchmelder montiert hast, dann solltest Du diese zunächst ausschalten, um einen Fehlalarm zu vermeiden.
9. Schließe ab, indem Du Dich bedankst!
10. Die Kohle lässt Du einfach ausglühen und gibst die Asche dann in die Natur.

Foto 5
Finde Deine eigene Weise.

Deine Magie der Rauhnächte

Titelblatt 4 – Komme an und finde die Mitte in Dir.

Lass deinen Geist still werden
wie einen Teich im Wald.
Er soll klar werden,
wie Wasser, das von den Bergen fließt.
Lass trübes Wasser zur Ruhe kommen,
dann wird es klar werden,
und lass deine schweifenden Gedanken
und Wünsche zur Ruhe kommen.[3]

Buddha

---

[3] https://mymonk.de/buddha-zitate/ - aufgerufen am 09.03.2023

1. Rauhnacht – RUHEN

Die erste Rauhnacht steht für den Januar im folgenden Jahr.

Denkanstöße für den Tag

- Was bedeutet Stille für Dich?
- Suchst Du sie?
- Oder vermeidest Du sie lieber?
- Kannst Du sie aushalten?
- Fühlst Du Dich ruhelos und getrieben?
- Wo findest Du Stille?
- Was brauchst du, um in die Stille zu kommen?

Wenn du noch tiefer gehen möchtest

- Wie fühlt sich Stille an?
- Wo spürst Du sie in Deinem Körper?
- Was bringt Dich aus Deiner Stille raus?
- Wie kommst Du am besten hinein?

In dieser lauten und hektischen Zeit sind wir Stille und Ruhe nicht mehr gewohnt. Pausenlos sind wir zig Reizen im Außen ausgesetzt und wir fühlen uns nur dann nützlich, wenn wir etwas tun oder aktiv sind. Das ist also folglich genau das Gegenteil von Ruhe und Stille. Kennst Du es beispielsweise auch, wenn Du im Urlaub in der ersten Nacht nicht schlafen kannst, weil es so ungewohnt still ist?

Die ständige Geräuschkulisse unserer Verdichtungsräume und der Zivilisation oder auch unseres Arbeitsalltages, haben uns so an die Reize gewöhnen lassen, dass wir sie sie normalerweise nicht einmal mehr wahrnehmen. Nur 30 Impulse von über 40.000 selektiert unser Gehirn, welche uns dann überhaupt bewusstwerden. Dennoch sind wir ihnen allen ausgesetzt und sie haben auch einen Einfluss auf uns.

Sie wirken ganzheitlich auf Dein System, auch wenn Du sicherlich viele gar nicht bewusst benennen könntest. Jedoch werden wir durch die vielen Reize immer gereizter oder genervter und wir geraten an unsere persönliche Belastungsgrenze oder darüber hinaus in einen Burnout.

In Zeiten, in denen durch gesellschaftliche Herausforderungen, die Reize immer dichter werden und damit lauter und so immer mehr an uns ziehen und zerren, bewegen sich viele Menschen fast schon dauerhaft in einem bereits roten oder orangeroten Bereich der Überlastung. Doch soweit müsste es erst gar nicht kommen, wenn wir wieder lernen, Stille und Achtsamkeit in uns zu üben und zu praktizieren.

Ich erinnere mich an unsere Ausbildungszeit, als wir regelmäßig angeleitet wurden in der Gruppe zu meditieren. Eine der Teilnehmerinnen hatte ihr kleines Baby dabei und so war es dabei nie ganz still. Oder, ich erinnere an die riesige, laute Baustelle, die seit fast drei Jahren neben unserem Wohnhaus tobt (ich schreibe in meinen anderen Büchern ausführlicher darüber).

Zu Beginn dachte ich oft, es wäre nicht möglich, mit einem solchen Geräuschpegel zu meditieren. Dann erkannte ich, dass das nur eine Frage von Fokus und meinen Glaubenssätzen ist ... Denn tatsächlich findet die Stille nur in Dir statt, das war mein damaliges Lernfeld.

Entweder Du fokussierst Dich auf den unerträglichen Lärm im Außen und wirst nicht zur Ruhe kommen können. Oder Du richtest Dich darauf aus, dass Du mit jedem Geräusch, immer tiefer in die Meditation sinkst – und dann wird auch genau das geschehen. Damit wirst Du in der Lage sein, überall Stille zu finden. Gib mit Deinem Fokus auf die Stille und die Ruhe, dem Neubeginn, und der Geburt von Neuem für das kommende Jahr, Raum und Kraft.

Drum lade ich Dich heute ein, reduziere heute einmal bewusst die Reize im Außen. Gehe alleine in den Wald oder in die Natur, lasse Dein Handy und andere elektronische Geräte aus. Was nimmst Du wahr? Was geschieht in Dir, wenn sich die Stille auch in Deinen Gedanken ausbreitet? Beobachte und lasse geschehen. Was passiert, wenn Du in der Dämmerung oder in der Dunkelheit in den Wald gehst und Du den optischen Reiz reduzierst?

Findest Du auch Stille, wenn es laut ist?

Gedanken zum Tag & der Tagesqualität

___

Foto 6
Lass Ruhe wirken! Werde still.

Sound of Silence

Hello darkness, my old friend
I've come to talk with you again
Because a vision softly creeping
Left its seeds while I was sleeping
And the vision that was planted in my brain
Still remains
Within the sound of silence
In restless dreams, I walked alone
Narrow streets of cobblestone
'Neath the halo of a street lamp
I turned my collar to the cold and damp
When my eyes were stabbed by the flash of a neon light
That split the night
And touched the sound of silence
And in the naked light, I saw
Ten thousand people, maybe more
People talking without speaking
People hearing without listening
People writing songs that voices never shared
And no one dared
Disturb the sound of silence
»Fools« said I, »You do not know
Silence like a cancer grows
Hear my words that I might teach you
Take my arms that I might reach you«
But my words, like silent raindrops fell
And echoed in the wells of silence
And the people bowed and prayed
To the neon god they made
And the sign flashed out its warning

In the words that it was forming
Then the sign said, »The words on the prophets are written on
the subway walls
In tenement halls«
And whispered in the sound of silence[4]

Paul Simon

Foto 7
Besinnen. Pausieren. In der inneren Einkehr nichts tun.

---

[4] http://Songtexte.com/songtext/nick-and-simon/sound-of-silence aufgerufen am 23.02.23

Tauche tief ein in die Stille in Dir

Nicht umsonst heißt es auch »In der Ruhe liegt die Kraft« … Wenn Du diese in Dir entdeckst, wirst Du den Anforderungen Deines Alltags viel leichter und entspannter begegnen können – auch in herausfordernden Zeiten wie diesen. Und wer die Stille entsprechend übt und praktiziert fällt auch nicht mehr so leicht aus ihr hinaus oder findet leichter wieder zu ihr zurück, auch wenn es noch wilder werden sollte. Denn aus dieser Ruhe und Stille heraus findest Du alle Antworten auf Deine Fragen. Deine nächsten Schritte liegen in Leichtigkeit vor Dir.

Nur in der Stille, kannst Du das empfangen, das wahrnehmen, was als nächster Schritt für Dich ansteht. Wenn Du Dich möglicherweise fragst, ob Du noch am richtigen Platz mit den passenden Menschen oder dem stimmigen Job bist, dann solltest Du tief in Dich und diese Stille in Dir eintauchen. Die Stille braucht es, damit der Samen des Neuen überhaupt entstehen kann und auch, damit er sich gut verankert und gedeihen kann.

Wir sind es jedoch gewohnt, bei Fragen nicht still zu werden, sondern noch mehr zu recherchieren, mit verschiedenen Menschen zu sprechen, unterschiedliche Sichtweisen zu berücksichtigen, Fakten zu sammeln … und häufig auch eine Entscheidung oder Lösung herbeiführen oder herbeipressen zu wollen. Damit agieren und handeln die Menschen oft, in dieser schnelllebigen Zeit, ohne diesen Samen, der aus ihnen heraus entstand. Sie reagieren auf Impulse von außen, die durch die Medien, die Umwelt, die Gesellschaft, Familie, Freunde … an sie herangetragen werden. Jedoch für ein erfülltes Leben der Erfüllung braucht es diesen göttlichen Samen, der aus uns heraus entsteht – und nur in der Stille, können wir ihn wahrnehmen oder ihn unterscheiden.

Es braucht also für Stille nicht nur die Ruhe, sondern auch Raum und Zeit, diese wahrzunehmen und sie hören zu können.

Für Stille und Ruhe gibt es eine so wichtige wie einfache Übung und das ist die Meditation. Regelmäßiges Meditieren bringt Dich in Deine Mitte und hat viele weitere Vorteile für Körper, Geist und Seele. Ein Sprichwort sagt:

Meditiere jeden Tag 20 Minuten.

Wenn Du keine Zeit dazu hast, 1 Stunde.

(überliefert)

Wie wäre es also, wenn Du heute meditierst. Du kannst die geführte Meditation aus der Vorbereitung nutzen. Dir eine geeignete Meditation beispielsweise auf Youtube suchen. Auf meinem Kanal »Wandlungswege« habe ich einige Meditationen frei eingestellt. Oder Du versuchst, auf die Flamme einer Kerze oder eines Rosenquarzes zu blicken und dabei in die Ruhe zu kommen. Notiere Deine Beobachtungen – und bleibe dran. Einmal ist beim Meditieren keinmal ...

_____

_____

_____

_____

_____

_____

_____

_____

_____

_____

_____

Titelblatt 5 – Vertraue dem Kreislauf des Lebens. Alles ist schon da.

I can only imagine

What it will be like
When I walk by Your side
I can only imagine
What my eyes would see
When Your face is before me
I can only imagine
Yeah
Surrounded by Your glory
What will my heart feel?
Will I dance for You Jesus
Or in awe of You be still?
Will I stand in Your presence
Or to my knees, will I fall?
Will I sing hallelujah?
Will I be able to speak at all?
I can only imagine
I can only imagine
I can only imagine
When that day comes
And I find myself
Standing in the Son
I can only imagine
When all I will do
Is forever, forever worship You
I can only imagine, yeah
I can only imagine
Surrounded by Your glory
What will my heart feel?
Will I dance for you Jesus
Or in awe of You be still?
Will I stand in your presence
Or to my knees will I fall?

Will I sing hallelujah?
Will I be able to speak at all?
I can only imagine, yeah
I can only imagine
Surrounded by Your glory
What will my heart feel?
Will I dance for you Jesus
Or in awe of You be still?
Will I stand in your presence
Or to my knees, will I fall?
Will I sing hallelujah?
Will I be able to speak at all?
I can only imagine, yeah
I can only imagine
I can only imagine, yeah-yeah
I can only imagine
I can only imagine
I can only imagine
I can only imagine
When all I will do
Is forever, forever worship You
I can only imagine[5]

MercyMe aus dem Film »I can only imagine«

---

[5] https://www.songtexte.com/sontext/mercyme/I-can-onliy-imagine aufgerufen am 23.02.2023

2. Rauhnacht – Hingeben

Die zweite Rauhnacht entspricht dem Monat Februar des kommenden Jahres.

Für mich ist das Lied »I can only imagine«, von dem ich Dir den Songtext auf der vorherigen Seite herausgesucht habe, der Ausdruck purer Hingabe und mein absolutes Lieblingslied. Es drückt für mich die pure Hingabe an Gott, ans Leben und das, was ist, aus. Dieses Lied resoniert in meinem Herzen so tief, dass immer Tränen fließen. Wie geht es Dir damit?

Unter Hingabe versteht man den von rückhaltloser innerer Beteiligung geprägten Einsatz eines Menschen für eine Angelegenheit oder eine Person, die für den Betreffenden von höchstem persönlichem Wert ist. Was, wenn Du Dich eben auf diese Weise an Dich und das Leben hingeben würdest?

Denkanstöße für den Tag

- Was bedeutet Hingabe für Dich?
- An wen oder was hast Du Dich in den letzten Jahren hingegeben?
- Wo steht hingeben noch an?
- Was kannst Du tun, um diese Hingabe noch zu vertiefen?
- Was wäre Dein Nutzen daraus?
- Wo vertraust Du und wo musst Du noch kontrollieren?

Wenn du noch tiefer gehen möchtest

- Aus welchen Situationen würdest Du Dich gerne befreien?
- Welche Einschränkungen und Hemmungen möchtest Du gerne lösen?
- Was möchtest Du behalten, was möchtest Du ändern?
- Welche alten Werte schätzt Du, wo ist es Zeit neue Wege zu gehen?
- Was bringt Dich Deinem wahren Wesen näher?

Gedanken zum Tag & der Tagesqualität

_____

_____

_____

Mit sich im Reinen sein, vertrauen, dass der Samen für das Neue in der Erde liegt.

Vertraue und schwimme mit dem Fluss Deines Lebens. Alle Deine Ereignisse und Erfahrungen sind nur für Dich jetzt gemacht. Sie dienen Deiner Erkenntnis und Deinem Lebensfluss, nichts ist zufällig, alles dient Deinem Wachstum! Nichts ist gegen Dich, alles für Dich!

Urteile nicht über das, was ist, denn ein Ver- oder Beurteilen beinhaltet das Gegenteil von Hingabe. Indem Du eine Wertung über etwas denkst, schränkst Du gleichzeitig Deine Möglichkeiten ein. Je mehr Du etwas nicht haben möchtest, desto weniger wird es gehen. Hingeben beinhaltet, alles anzunehmen was ist, ohne Wenn und Aber oder Bedingungen, wie Du es gerne hättest.

Es geht darum, Dich zu öffnen, auf den höheren Plan zu vertrauen und damit in tiefem Frieden sein, was ist. Und das, ganz gleich, ob Du ihn kennst, ihn verstehen kannst oder gar gutheißt – diesen Plan! Denn möglicherweise ist Dein Weg viel, viel schöner vorgesehen, als Du es Dir in Deinen kühnsten Träumen vorstellen könntest. Es wird geschehen, weil in der Hingabe an diesen Moment die Chance auf Dein bestes Leben liegt. Solange Du also bewertest, was gerade ist, verschließt Du Dich genau diesen unglaublichen Möglichkeiten, die sein würden – wenn Du in Hingabe an diesen Moment wärst und einfach mit dem Leben fließen würdest.

*Alles in Deinem Leben geschieht aus einem Grund,
entweder es ist ein Geschenk oder eine Lehre!*

Hingabe an den Moment

Der Kontakt zur Natur stärkt Deine Hingabe an den Moment und an Dein Sein. Denn von Mutter Erde kommen wir als physische Körper und zu ihr werden wir einmal gehen. Wir sind ein Teil von ihr und sie von uns. Alles, was wir haben, ist von der Mutter geschenkt. Wir können darauf vertrauen, dass alles zum rechten Zeitpunkt zu uns kommt. Nicht früher und nicht später. In der Natur spielt die Zeit mit Ziffernblatt und Zeigern, wie wir sie kennen, keine Rolle.

Und doch unterliegt alles einem Rhythmus, hat seine Zeit, kommt und geht. Jedoch existiert die Natur nur im Jetzt. Wir sehen diesen Rhythmus überall in der Natur, im Werden und Vergehen von Leben, in Tag und Nacht, in den Jahreszeiten oder den Gezeiten, den Wellen am Meer, in Ruhe und Bewegung, …

Wenn es wieder gelingt, uns an den Rhythmus der Natur anzunähern, so können auch wir unseren eigenen Rhythmus und unsere eigene Natur wieder entdecken. Und wir können auch unsere eigenen Bedürfnisse erkennen und ihnen folgen. Nicht gehetzt durch Termine und Todo-Listen, sondern aus unserem inneren Antrieb heraus, in unserem eigenen Rhythmus aus dem Moment.

Drum kannst Du immer, wenn Du Dich aus Deiner Mitte fühlst und Dir die Hingabe an den Moment fehlt, in die Natur gehen und Dich mit ihr verbinden. Hier ist unser zu Hause und in dem wir uns in die Natur begeben, erinnert sich unser Körper an seinen Ursprung, die Einheit und wir können auf allen Ebenen gesunden. Wir erden uns.

Aus dem Moment fallen wir meist dann, wenn wir unserem Verstand folgen und in der Vergangenheit festhängen oder uns in die Zukunft verirrt haben. Jedoch das gestern ist nicht mehr und das morgen noch nicht da. Der einzige Moment, der ist und immer zählt ist jetzt.

Sich hingeben, ohne etwas zu erwarten, das ist eine große Kunst. Denn wenn ein »um zu« mitschwingt, dann verschenkst Du Dich nicht einfach nur so, sondern Du erwartest etwas im Gegenzug als Leistung, die zu

Dir zurückkommt. Drum verschenke Dich doch heute einmal an den Moment, in dem Du eine Gabe gibst, nur einfach so!

Zeichen für inneren FRIEDEN
Eine Tendenz, spontan zu denken und zu handeln, statt aufgrund von Ängsten, die aus vergangenen Erfahrungen stammen. Die Fähigkeit, jeden Augenblick zu genießen. Kein Interesse mehr, andere Menschen zu verurteilen. Kein Interesse mehr, die Handlungen Anderer zu interpretieren. Kein Interesse mehr an Konflikten. Kein Interesse mehr daran, sich Sorgen zu machen. Häufige und überwältigende Momente der Wertschätzung. Zufriedene Gefühle der Verbundenheit mit an- deren und der Natur. Häufige Lächel-Anfälle :o) Eine zunehmende Tendenz, Dinge geschehen zu lassen, statt sie kontrollieren zu wollen. Eine zunehmende Wahrnehmung der Liebe, die von anderen ausstrahlt, als auch der unbedingte Drang, sie zurückzulieben.[6]
Euler Coaching

Foto 8
In der Hingabe liegt der Same des Neubeginns.

Übung: *Mache doch heute der Natur ein Geschenk. Verstreue Körner für die Vögel, Nüsse für Eichhörnchen, Wasser, Milch, Räucherstäbchen, Brot ... Lege das Geschenk mit den Wünschen deines Herzens an den Wurzeln eines Baumes oder an einem schönen Platz in der Natur ab.*

---

[6] https://www.facebook.com/euler17coaching/photos/a.1934843-283420376/2180500955521273/?paipv=0&eav=AfbUX3ZxGdLlYuc141q-2rFT5IW_4HCzBeKjGl-IrFUMAUiP_cqyDe94nKNkUHsWsm8 – aufgerufen am 09.03.2023

Ein Leben in der friedvollen Hingabe und Balance, bedeutet ein Leben im Rhythmus. Phasen der Ruhe wechseln sich mit Phasen der Aktivität ab. Die Gewissheit, dass es genau diesen Rhythmus gibt und wir darauf vertrauen können, darum geht es im Monat Februar. Alles hat seine Zeit und es wird auch wieder anders.

So wünsche ich Dir heute, dass Du in Frieden mit Dir und Deiner Umwelt den Tag verbringen kannst. Vielleicht ist es gerade zum des »Fests des Friedens«, während der Weihnachtsfeiertage, besonders mühsam, diese innere Haltung in sich zu bewahren. Pflege Mitgefühl mit Dir und mit den anderen. Wenn Du möchtest, teile doch mit uns, wie es Dir mit dem Thema Frieden geht.

Wann hast Du Dich das letzte Mal an etwas völlig friedvoll hingegeben?

Hingabe an Dich

Wie wäre es, wenn Du Dich heute einmal an Dich hingibst? Einen ganzen Tag lang nur Deinem eigenen Rhythmus folgst? Stehe auf, wenn Du aufwachst. Lasse Dich in den Tag treiben, nach was ist Dir? Auf was hast Du Appetit, zu welcher Uhrzeit … Was will Dein Körper, was Dein Geist und Deine Seele heute. Agiere nur von Moment zu Moment, mache keinen Plan, erfülle keine Termine oder Verpflichtungen …

Wenn Dir ein ganzer Tag für Dich mit dieser Hingabe zu lang und zu groß erscheint, dann beginne doch mit einem Nachmittag oder mal 2 Stündchen. Finde wieder zu Deinem eigenen Rhythmus. Und trage einen weiteren »Hingabe-an-Dich-Tag« doch am besten gleich für den Februar im kommenden Jahr ein, den entsprechenden Monat der heutigen Tagesenergie, der zweiten Rauhnacht.

An diesem Tag kannst Du dann die Erfahrungen, die Du heute damit gemacht hast in Deinem Rauhnachtsbuch studieren. Und dann tauchst Du abermals tief ein, in die Wahrnehmung von Dir und dem, was und wie Du Dich an Dich selbst am besten hingibst. Damit findest Du wieder zurück zu Deinem eigenen Rhythmus.

Gib Dich heute Deiner Tiefe hin. Nimm wahr was ist, Emotionen, Gefühle und Bewusstsein. Du bist mit allem verbunden: Mit deiner Familie, deinen Ahnen, den Menschen, der Natur, der Schöpfung. Du bist alles – Du bist wunderschön! Koste aus, was ist!

Was sind Deine Beobachtungen dazu?

_____

_____

_____

_____

_____

Suche Dir doch auf Youtube zur Inspiration ein Zeitraffer-Video vom Meer mit Ebbe und Flut, Niedrigwasser und Hochwasser im ewigen Kreislauf der Gezeiten. Es gibt auch Videos mit Meeresrauschen und Wellenschlag.

Experimentiere doch ein bisschen damit und finde heraus, was Deinem eigenen Rhythmus entspricht. Im Tagesverlauf, Wochenverlauf, monatlich, jährlich … – was brauchst Du, damit Du Dich so richtig wohlfühlst?

Was brauchst Du, damit Du in Deinem Rhythmus schwingst?

_____

_____

_____

_____

_____

_____

Ich finde das Meer und seinen Rhythmus immer wieder faszinierend. Und wenn man bedenkt, dass auch unser Körper bei Erwachsenen bis zu 70 Prozent Wasseranteil hat, vielleicht um so verständlicher, dass viele Menschen so gerne am Meer sitzen. Mein jüngster Sohn lebt mittlerweile bereits seit mehr als 2,5 Jahren auf seiner Herzensinsel an der Nordsee.

Diesen eigenen Rhythmus im Kontext zum Jahreskreis, den Jahreszeiten, den Monatsenergien und dem Lebenszyklus wieder wahrzunehmen, darum geht es auch insgesamt bei dieser Arbeit mit Dir in den Rauhnächten. Deshalb ist diese Zeit, die Du Dir gerade schenkst, so wertvoll.

Du erschaffst also nicht nur bewusst, was Du Dir für das kommende Jahr erträumst, sondern Du kommst auch wieder näher zu Dir und Deinem Ursprung und damit immer mehr zurück auch zu Deinem erfüllten, glücklichen Leben und auch Deiner Lebensaufgabe.

Foto 9
Folge Deinem Rhythmus und dem des großen Ganzen.

Titelblatt 6 – Beginne. Folge dem, was entstehen will.

Wenn dir etwas widerstrebt und dich peinigt,
so laß es wachsen;
es bedeutet, dass du Wurzeln schlägst und dich wandelst.

Dein Leid bringt Segen,
wenn es dir zur Geburt deiner selbst verhilft,
denn keine Wahrheit offenbart sich dem Augenschein und lässt sich dadurch erlangen.[7]

Antoine de Saint-Exupery

---

[7] http://www.worte-projekt.de/exupery.html - aufgerufen am 09.03.2023

3. Rauhnacht – AUFBRECHEN

Die dritte Rauhnacht entspricht dem März des kommenden Jahres.

Kennst Du das auch, dass Du ungeduldig lieber schon zwei Schritte auf einmal nehmen willst? Warum warten, wenn man doch direkt ein Ergebnis erzwingen könnte? Doch alles hat seine Art und Weise und auch die passende Zeit. Willst Du die Abkürzung und trotzdem die Lorbeeren? Das funktioniert oft leider so überhaupt nicht. Besonders nach einem langen Winter sehnen wir uns oft schon so sehr nach dem Frühling. Doch wenn dann wieder ein Kälteeinbruch kommt, kann eine ganze Ernte dahin sein.

So heißt es besser, Schritt für Schritt weitergehen und wirklich alle Lerninhalte auf dem Weg zu Deinem Ziel mitnehmen. Es gibt keine Abkürzung. Erst wenn die Zeit reif ist, kann der Frühling wirklich durchbrechen und ist es Zeit für Dich aufzubrechen. Denn nur, wenn Du jeden einzelnen Schritt gehst, kannst Du sicher sein, dass eine noch nicht vollständig verinnerlichte Aufgabe nicht doch noch einmal zurückkommt!

Aufbrechen kannst Du nur von innen, aus Deiner eigenen inneren Notwendigkeit heraus, weil Du wachsen möchtest. Denn, wusstest Du, dass ein Schmetterling flugunfähig wird, wenn er sich nicht von selbst aus seinem Kokon heraus befreit? Dafür braucht es genau dieses Aufbrechen aus sich heraus, das hier in diesem Monat für Dich geschehen wird. Dann gibt es kein Halten mehr: Geh los!

Denkanstöße für den Tag

- Was möchte dieses Jahr aus dir herauswachsen?
- Schreibe so konkret wie möglich auf, was wachsen möchte.
- Je konkreter Du Deine Vision erschaffst, desto einfacher erreichst Du sie auch.
- Was benötigst Du, damit es sicher und kraftvoll wachsen kann?
- Wo kannst Du Dir Inspiration oder Unterstützung holen?

Wenn du noch tiefer gehen möchtest

- Was blockiert Dein Wachstum?
- Was hemmt den Fluss deines Lebens?
- Was will aus dem Verborgenen ans Licht kommen?
- Wonach sehnst Du Dich?
- Wo braucht es mehr Tiefe, Hingabe, Selbstlosigkeit, mehr spirituelle Erfahrung, mehr Tatkraft?

Gedanken zum Tag & der Tagesqualität

_____

_____

_____

_____

_____

_____

_____

_____

_____

Ganz gleich wohin Du aufbrechen möchtest, die Zeit muss also reif dafür sein. Es gilt die richtigen Dinge im passenden Moment und auf die richtige Art und Weise zu tun. Allzu oft wollen wir etwas einfach so sehr und überhören die Stimme in uns, die den richtigen Moment kennt.

Wenn Du Dich in den Energien der beiden vorherigen Rauhnächte so richtig hast fallen lassen, kannst Du nun vielleicht schon den richtigen Moment in Dir aufsteigen lassen. Man kann das Leben, Wachstum,

Reife ... nicht beschleunigen – übe Dich also in Geduld und im Moment sein. Spüre in Stille immer und immer wieder in Dich hinein, was ist in Dir? Jedoch, wenn es so weit ist, dann geh los, ohne Kompromisse!

Das wundervolle Lied Mama von Sam Garrett beinhaltet genau diese Energie, wie Du diese innere Kraft bei Mutter Erde beobachten kannst. Du bist eins mit ihr und den Elementen:

>Tierra, mi cuerpo.
>Aqua mit sangre.
>Aire mi aliento.
>Y fuego mi espíritu.
>I feel the Earth beneath my feet.
>I feel the life, within her leaves.
>I feel her song, in the rain that falls.
>I feel the warmth in her heart that calls.
>
>Die Erde ist mein Körper.
>Das Wasser ist mein Blut.
>Die Luft ist mein Atem.
>Das Feuer meine Seele.
>Ich spüre die Erde unter meinen Füßen.
>Ich fühle das Leben in ihren Blättern.
>Ich fühle ihr Lied im Regen, der fällt.
>Ich spüre die Wärme in ihrem Herzen, das mich ruft.[8]

Foto 10
Folge mutig Deinem Herzen.

---

[8] https://lyricstranslate.com/de/mama-mama.html-138

Irgendwann heißt es dann mutig voranschreiten, nichts mehr zurückhalten und tun, was getan werden muss! Die Pflanzen halten sich auch nicht zurück, sie blühen dann, wenn der Moment gekommen ist.

Kennst Du diesen Moment im Frühling, wenn scheinbar von einem Tag auf den anderen die Blüten und Pflanzen explodieren und der Frühling plötzlich in seiner vollen Pracht steht? Ein bisschen blühen funktioniert bei den Pflanzen nicht – und auch bei Dir nicht. Wenn Du etwas wirklich willst, dann tue es mit vollem Einsatz. Erbringe Deinen vollen Einsatz und auch so etwas, wie Commitment, also so etwas wie Verantwortlichkeit, Zusage oder Verpflichtung, für Deinen Traum und warte nicht, dass es nur einfach, ohne Dein Zutun geschieht. Der Schmetterling muss sich durchaus abmühen, um schließlich fliegen zu können …

Stelle Dir dazu förderliche Fragen, denn sonst sabotierst Du Deine Kraft. Frage Dich nicht länger, ob Du es überhaupt tun willst, sondern wie Du es anstellst, dass Dein Traum wahr werden kann! Viel zu lange hast Du Dich selbst kleingehalten, indem Du nicht bedingungslos und fokussiert auf Deinen Traum losgegangen bist.

Wenn Du Dein Herzensthema noch nicht gefunden hast, dann suche etwas, das Dich so begeistert und mitreißt, dass Du dafür brennst und dafür vollen Einsatz bringen willst. Was würde Dich auch mitten aus dem Tiefschlaf gerissen elektrisieren und nicht müde werden lassen? Dabei geht es wie gesagt, nicht um Dein Verstandesthema, sondern das Thema, das in Deinem Herzen wohnt und wonach Du Dich sehnst.

Was ist die förderliche Frage für Dich in Deiner Sache?

_____

_____

_____

_____

_____

Ob das vernünftig ist, oder ob es überhaupt zu bewerkstelligen geht, spielt an dieser Stelle noch keine Rolle. Es geht darum, den Funken in Dir zu finden, ihn zu entzünden und erst dann die Wege zu finden. Denn jede Idee, Erfindung, Neuerung, Innovation war, bevor sie in die Tat umgesetzt wurde, ein bisschen verrückt und erschien den »Normalos«, also jenen, die darüber noch nie nachgedacht hatten, als nicht umsetzbar. Und dann gab es diesen einen, der dafür brannte, und der dann eine Lösung gefunden hat ...

Jetzt gehe also los, mit Siebenmeilenstiefeln oder Minischritten, einfach auf Deine Art und Weise zu neuen Ufern. Die Zeit ist jetzt, Deinen Traum in die Realität zu bringen und dorthin zu gelangen, wo Du noch nie gewesen bist. Ganz gleich, was es ist, ob andere es verstehen oder auch überhaupt nicht. Es ist Deins – es wartet auf Dich!

Was ist Dein Traum? Was wäre so ungeheuerlich, dass Du es noch nicht einmal aussprechen kannst?

_____

_____

_____

_____

_____

_____

_____

_____

_____

_____

Vorbereitung zum Aufbrechen

Das Baden in wohlig warmem Wasser ist für viele Menschen nicht nur ein simpler Vorgang der körperlichen Reinigung. In den meisten Fällen steht der pflegende und entspannende Faktor weit im Vordergrund, er kann jedoch zudem das Element der Gesundheit für den Körper und Organismus enthalten.

Bereits in der Antike galt die Kraft des Meeres in Form des Meersalzes als ein probates Mittel, um die Haut sanft zu pflegen und zusätzlich auf eine natürliche Weise unterschiedliche Beschwerden zu lindern. Zusätzlich wirkt das Meersalz auch reinigend auf Deinen Energiekörper, so dass Du Dich tatsächlich porentief reinigst und dann mit den Salzkristallen auch wieder mit lichter Energie auflädst. So reinige ich mich nach Begegnungen mit vielen Menschen, Seminaren, Heilzeremonien oder immer, wenn ich das Gefühl habe, es zu brauchen, mit einem Salzbad.

Meersalz kannst Du in der Apotheke oder im Drogeriemarkt bekommen. Ich empfehle reines Salz ohne irgendwelche Zusätze. Einen Teil des Salzes löse direkt beim Einlassen des Badewassers auf. Den anderen kannst Du verwenden, um Deinen Körper damit kräftig abzuschrubben. Vergesse auch das Gesicht und Deine Haare nicht.

Solltest Du das Glück haben, gerade am Meer zu sein, dann kannst Du dich mit dem frischen Meerwasser benetzen oder vielleicht sogar ganz Eintauchen? Hast Du nur eine Dusche, dann schrubbe Dich und Deinen Körper mit den Salzkristallen ab. Oder probiere einmal ein Fußbad, in dem Du Meersalz auflöst.

Was beobachtest Du mit bei dieser Salzbehandlung? Was verändert sich?

_____

_____

_____

_____

_____

Wenn Deine Energien gut gereinigt sind, kannst Du Deine Stimme in Deinem Inneren deutlicher und klarer wahrnehmen. Damit wirst Du auch sicherer, zu unterscheiden, ob ein Wunsch tatsächlich Dein eigener ist oder einer Konditionierung oder Deiner Umgebung entstammt.

Dein Herz führt Dich! Aus dieser Verbindung heraus ist es ganz leicht, den passenden Moment abzuwarten und dann kraftvoll loszugehen. Wenn Du ganz im Vertrauen bist, ist das die beste Voraussetzung, um zu wachsen. Sozusagen die beste Pflege für Deine eigene Entwicklung.

Ich wünsche Dir viel Spaß mit Deinen heutigen Impulsen zur dritten Rauhnacht. Sei gut zu Dir!

Foto 11
Von innen nach außen entspringt die Kraft.

Titelblatt 7 – Erkunde offen und voller Freude das Neue.

Flower of the universe

They come to see the fire burning
In your heart
They want to witness this love from start
They hear you when you cry
This love is far and wide
When you smile the stars align
Flower of the universe
And child of mine
When you sleep softly the angels come
Like a diamonds like my love
They want to know it's true
There's someone in the world
Lovely as you
They hear you when you cry
This love is far and wide
When you smile the stars align
Flowers of the universe
And child of mine[9]

Sade

---

[9] https://genius.com/Sade-flower-of-the-universe-lyrics aufgerufen am 23.02.2023

4. Rauhnacht – ENTDECKEN

Die vierte Rauhnacht entspricht dem April des kommenden Jahres.

Denkanstöße für den Tag
- Wie stehst Du zur Neugierde?
- Erlaubst Du Dir, so neugierig wie ein Kind zu sein?
- Was hindert Dich daran, was fördert Deine Neugierde?
- Wie steht es mit Deiner Geduld? Möchtest Du lieber am Gras ziehen, damit es schneller wächst?

Entdecke Deine Neugierde, Deine kindliche Seite und damit Dein Feuer, Dein Licht, Deine Farbe – das wofür Du brennst! Wenn Dein inneres Kind in Sicherheit ist, kann es spielen und sich und die Welt entdecken. Es ist diese kindlich offene Neugierde, die mit Freude erwartet, was kommen mag, ohne sich festlegen zu müssen.

Wenn du noch tiefer gehen möchtest
- Hast Du ausreichend Lebenskraft?
- Wie und für was setzt Du Deine Kraft ein?
- Kannst Du Deinen Willen durchsetzen?
- Was hindert Dich, Deine Kraft einzusetzen?
- Wo willst Du im Neuen Jahr eigene Wege und Lösungen anstreben?

Gedanken zum Tag & der Tagesqualität

_____

_____

Neugierde ist der natürliche Zustand als Kind, der aus sich heraus die Welt entdecken und lernen möchte. Spielerisch. Ohne Druck. Einfach, weil es ein inneres Bedürfnis zur Ausweitung und zum Lernen gibt. Einfach so, weil das der natürliche Zustand von lebendig und der Ausdruck und Deiner Seele ist. Wie widersinnig, dass wir in einer Gesellschaft leben, die genau das Gegenteil in ihren Schulen praktiziert und damit den Spaß am Lernen bei unseren Kindern innerhalb kürzester Zeit zum Erlöschen bringt.

Erinnere Dich also heute an Dich als Kind, als dieser Funke und dieses innere Bedürfnis zu Lernen noch unbeschadet existierte. Was möchtest Du heute entdecken? Gibt es etwas zu tun? Gib Dich Deinem inneren Funken und der Neugierde hin! Die Sonne mobilisiert Deine Kräfte, Dein Tun, Dein Schaffen und fokussiert Dich im Handeln und Tun! Spüre Deine Schaffenskraft und das Bedürfnis dieser Kraft Raum zu geben. Gehe heute in die Sonne, vielleicht in die Morgensonne und lade Dich mit ihrer Kraft auf.

You are the light of the world.
We are the light of the world.
I am the light of the world.
Let it shine.[10]

Gerhard Lipold

Wie wäre es heute mit einer Lichtdusche, um genau darin einzutauchen? In Deine Energie und Deine Kraft?

Schließe dafür Deine Augen und nimm ein paar tiefe Atemzüge. Nimm wahr, wie aus Deinen Füßen Wurzeln wachsen und sich direkt mit dem Herzen von Mutter Erde verbinden und ihre Energie von ihr zu Dir in Dein Herz fließt. Dann nimm wahr wir aus Deinem Kronenchakra an Deinem Kopf sich ein Lichtstrahl mit dem Herzen des Universums und der höchsten göttlichen Quelle verbindet und auch von dort fließt Energie zu Dir in Dein Herz. Die beiden Energien fließen unaufhörlich zu Dir und treffen sich in Deinem Herzen.

Nun stelle Dir vor, wie Du in Dein eigenes Herz tauchst, direkt in Deine Quelle, die Du bist. In Deiner Quelle bist Du in Dir und um Dich und unendlich. Hier fühlst Du Frieden, Liebe und Licht in ihrer reinen Form. Du nimmst wahr, wie aus dieser Quelle heraus Dein ganzer Körper, Dein System, Deine Aura beginnt sich immer mehr zu füllen und hell zu erstrahlen. Es fühlt sich an wie eine Lichtdusche, die alles reinigt, alles herauslöst, was Dir nicht mehr dienlich ist und Dich gleichzeitig auflädt mit einer höheren Schwingung.

Bitte nun darum, dass Du heute in Deiner Schwingung und Deinem Licht so hoch gehen darfst, wie Du noch nie zu vor gewesen bist. Bitte um die Unterstützung und es wird geschehen, auch wenn Du nicht weißt, wie es funktionieren wird. Beginne so hell zu strahlen wie noch niemals zuvor! Bleibe in diesem Zustand, solange bis Du das Gefühl hast, es ist genug. Dann kehre wieder zurück und schließe diese Übung ab.

---

[10] https://youtu.be/bXU812egVzU - aufgerufen am 09.02.2023

Du kannst diese Übung beispielsweise auch in Deine tägliche spirituelle Praxis einbauen. Du wirst Dich wundern, welch positiven Effekt sie auf Dein kommendes Jahr haben wird. Suche Dir doch dazu diesen wundervollen Song auf Youtube, der für mich mit seinem Harfenspiel dieses Licht ausdrückt: Light oft he World von Gerhard Lipold. Vielleicht berührt er Dich auch? Und man kann ihn wunderbar laut mitsingen und in die Energie hineinspringen und sich für die Möglichkeiten öffnen.

Es ist gut, wenn Du Dich ergebnisoffen auf den Weg machst. Offen, bedeutet neugierig. Denn allzu häufig verrennen wir uns in einer Idee und denken, genau so und so müsste ein Ergebnis aussehen. Dann sind wir verbissen und verzweifelt, wenn es sich nicht einfach erreichen lässt. Jedoch verschließen wir uns damit vor einer möglicherweise noch viel besseren Lösung oder Idee. Wenn Du hingegen ergebnisoffen agierst, lässt Du das genaue Ergebnis los und öffnest Dich für den Weg und die Impulse.

Damit kann etwas noch viel Besseres für Dich entstehen, vorausgesetzt eben, dass Du dies, erkennen und wahrnehmen kannst. So oft erlebe ich Menschen, die eine tolle Lösung bereits vor der Nase haben, sie aber nicht sehen, weil sie ein bestimmtes Bild davon im Kopf haben, wie es zu sein hat, und sich damit für etwas Neues, Anderes blockieren.

> Die Hummel kann eigentlich nicht fliegen.
> Aber sie weiß das nicht und fliegt trotzdem.[11]

Das scheinbare Hummelparadoxon, das mittlerweile wohl widerlegt ist, sich jedoch trotzdem hartnäckig hält, steht sinnbildlich für die heutige Tagesenergie. Mach es einfach! Denk nicht lange nach, ob Du es kannst, oder ob es möglich sein kann. Setze Dich über Deinen inneren Widerstand hinweg, öffne Dich für den Weg und entdecke die Magie des Weges, auf dem Du neugierig erkundest, was sich zeigt.

---

[11] https://www.spektrum.de/frage/sind-hummeln-wirklich-zu-dick-zum-fliegen/1335685 - aufgerufen am 09.03.2023

Wenn Du heute ins Thema einsteigen möchtest, so reflektiere doch zum Thema Neugierde und Offenheit … Wo müsstest Du Dich jetzt öffnen für neue Möglichkeiten in Deinem Leben oder zu Deinem Herzensprojekt? Öffne Dich, erkunde, entdecke und freue Dich daran. Lass alles, was Du denkst und willst los, wie Du glaubst zu wissen, wie es geht. Dann lausche und empfange die Antworten, die aus Deinem inneren heraus aufsteigen.

Du kannst auch in einem Schreibprozess 20 Minuten zum genannten Thema schreiben und entstehen lassen, was sich nun zeigen möchte. Schreibe und lass fließen, ohne mit Deinem Verstand einzuschränken. Erst nach der abgelaufenen Zeit reflektiere mit Deinem Verstand, was er dazu zum Ergebnis zu sagen hat.

_____

_____

_____

_____

_____

_____

_____

Foto 12
Jeder Anfang ist ein Wunder der Liebe.

Eine Geschichte: Von der Kraft des Neuen

Wusstest Du, dass alte Schamanen, wenn sie in einer Sache oder einer Behandlung absolut nicht weiterkommen und keine Lösung finden, dann ihre Lehrlinge ranlassen? Sie sagen: »Mach Du das mal! Das ist so einfach, das kannst sogar Du!« Und dann geht der Lehrling hin und macht es auf eine völlig neue Weise, weil er noch nicht so eingefahren, immer in den gleichen Wegen denkt und handelt. Er findet eine neue Lösung.

Wie wäre es, wenn es jetzt gerade genau darum geht. Wir, die wir bislang in zweiter oder dritter Reihe warteten und unsere Lehrzeiten absolvierten sind nun dran, die Dinge neu und anders zu machen. Denn die alten Weisen und Wege funktionieren nicht mehr und nur der, der neugierig und offen unkonventionelle, innovative Möglichkeiten findet, der wird nun vorangehen.

Wir sind an einem Punkt der Menschheitsgeschichte, an dem wir noch niemals zuvor waren. So sind alle Werkzeuge, Landkarten, Traditionen und Lehren ... möglicherweise allesamt über den Haufen zu werfen. Denn wir bewegen uns im Niemandsland, dort wo noch niemand zuvor war. Zunehmend greifen die alten Dinge nicht mehr und wir dürfen uns neu erfinden und dazu brauchen wir die Neugier, Offenheit, Mut und unsere Kraft!

Neugier entdecken

Kleide oder umgib Dich doch heute mir Deiner Lieblingsfarbe. Oder: Für mehr Schaffenskraft Rot, Orange oder Gelb. Du magst diese Farben nicht und lehnst sie ab? Was hat das möglicherweise mit Deiner Schaffenskraft zu tun?

Kleide Dich komplett in deiner Lieblingsfarbe, und zwar von oben bis unten. Wenn das nicht geht, funktioniert auch farbige Unterwäsche oder wenn Du ein Bild mit deiner Lieblingsfarbe betrachtest. Oder stelle Dir Informationswasser in Deiner Lieblingsfarbe her. Du wirst Dich wundern, wie schnell Du Dich wieder energiegeladen fühlst.

Wie wäre es, wenn Du heute dazu mit einer Farbe meditierst. Mache eine der beiden folgenden Farbenmeditationen.

1. Suche Dir dazu in einem Magazin oder Online ein Foto, auf dem eine Farbe dominiert. Also beispielsweise das blaue Meer, der goldorangene Sonnenaufgang. Vielleicht hast Du auch aus einer vergangenen Reise ein eigenes Foto, das Dich sehr anspricht. Wähle eine Abbildung und damit eine Farbe, die Dich heute besonders berührt. Drucke das Foto aus oder trenne es aus der Zeitschrift.
Dann setze Dich an Deinen Rauhnachtsplatz und blicke mit geöffneten Augen auf das Foto. Nimm wahr, wie diese Farbe nun über die Augen in Dich und Dein System einfließt. Die Farben füllen Dich auf genau die richtige Art und Weise mit ihrer besonderen Energie auf. Du fühlst, wenn es genug ist, spürst noch ein wenig nach, was sich verändert hat und kehrst dann mit der Aufmerksamkeit wieder zurück in die alltägliche Wahrnehmung Deines Umfeldes.

2. Schließe Deine Augen und stelle Dir vor, wie Du an Deinem Lieblingsort sitzt oder liegst und den Himmel betrachtest. Das kann ein konkreter Ort sein, aber auch ein Ort, der nur in Deinem Herzen existiert. Nun lasse einen wundervollen, ganzen Regenbogen am Himmel entstehen. Nimm all die feinen, leuchtenden Farben des Regenbogens wahr.
Beobachte, wie sich Dein System nacheinander mit den Farben des Regenbogens auffüllt. Du beginnst mit Rot, Orange, Gelb, Grün, Türkis, Blau und landest schließlich bei Violett ... Beobachte, wie die Energien an genau die richtigen Stellen in Deinem Körper fließen. Du kannst Dir auch vorstellen, wie die einzelnen Farben des Regenbogens von unten nach oben in Deine Chakren fließen und sie wieder hell und klar zum Leuchten und Schwingen bringen. Du fühlst, wenn es genug ist, nun spürst Du noch ein wenig nach, was sich verändert hat und kehrst dann mit der

Aufmerksamkeit wieder zurück in Deine alltägliche Wahrnehmung Deines Umfeldes.

Was hat sich verändert, was konntest Du wahrnehmen?
Blicke um Dich, was hat sich in Deiner Wahrnehmung in Deinem Zimmer verändert?

_____

_____

_____

Informationswasser ist leicht hergestellt

Dazu benötigt man in der einfachsten Anwendung ein Glas ohne Beschriftung gefüllt mit Wasser, farbiges Papier in deiner heutigen Lieblingsfarbe. Dann legst Du dieses Papier unter das Glas und lässt es stehen. Nach ca. 5 Minuten kannst Du das Wasser trinken. Es empfiehlt sich, dieses Informationswasser gegebenenfalls mehrfach zu sich zu nehmen.

Versuche doch einmal auch dieses Experiment, was ich in meinen Kursen auch immer wieder mit den Kursteilnehmern ausprobiere: Nehme Dir mehrere unterschiedliche farbige Papiere oder bemale sie mit verschiedenen Farben.

Du kannst auch ein passendes Kartenset wählen (beispielsweise »Pantone 100 Postkarten« oder »Meine Kraftfarben finden: Welche Farbe stärkt dich? Welche Farbe fehlt dir?« von Ingrid Kraaz von Rohr) – und ich kann Dir bereits heute verraten, dass mein aktuelles Kartenset, das gerade entsteht, Dich ebenfalls dabei unterstützen wird, mit der Energie der Regenbogenfarben noch intensiver zu arbeiten.

Dann wähle mehrere unterschiedliche Karten (mindestens 5) und stelle von ihnen in der beschriebenen Weise Informationswasser her. Dann trinke und vergleiche den Geschmack. Ich bin sicher, Du wirst staunen!

Was hast Du festgestellt?

_____

_____

_____

_____

_____

Wir können also heute vermerken, dass Farben – und damit Energie und Schwingung, denn nichts anderes sind Farben, unterschiedliche Auswirkungen auf unseren Körper haben. Erstaunlich beim Phänomen Farbe ist, dass Farbe erst durch das Auftreffen von Schwingung auf unsere Augen und der Verarbeitung unseres Gehirns entstehen. Sie existiert also gar nicht wirklich. Und doch – in der Evolution gäbe es dieses Phänomen »Farben« nicht mehr, wenn sie nicht einen großen Nutzen für uns, das Leben und unser Wohlbefinden hätten.

> Oft bist Du nicht müde,
> weil Du zu viel getan hast,
> sondern weil Du zu wenig von dem getan hast,
> was Dich innerlich zum Funkeln bringt.
>
> Alexander den Heijer

So lade ich Dich also heute ein, noch weiter mit Farben zu experimentieren und zu beobachten, wie Du damit Deinen Körper positiv beeinflussen kannst. Wie kannst Du handeln und dabei funkeln oder mehr von dem tun, was Deine Schwingung anhebt?

Wenn Du beispielsweise in der wärmenden Sonne sitzt, selbst wenn Du die Augen schließt, kannst Du ihre wohltuende Kraft und Energie auf Dein System wahrnehmen. Auch mit geschlossenen Augen kannst Du dann ihre Farbe wahrnehmen.

Und es gibt Menschen, die können mit einer Sonderbegabung Farben sogar riechen oder hören, bzw. Töne drücken sich für sie in einer bestimmten Farbe aus. Das finde ich persönlich extrem spannend. Da alles Schwingung ist und mit unseren Sinnesorganen wahrgenommen werden kann, ist das nicht weiter verwunderlich, nur eine kleine Möglichkeit, die im Gehirn anders verschaltet ist. Je höher die Schwingung, desto höher schwingen wir mit unserem System und Körper mit.

Andersherum verstehst Du nun auch, warum mein Heilpraktiker empfiehlt, schwarze Kleidung nach Möglichkeit ganz zu vermeiden. Und auch Menschen, die zu depressiven Verstimmungen neigen, sollten sich dieses Wissen, um eine förderliche Beeinflussung durch eine höhere Schwingung zu nutzen machen. Ziel ist es also, selbst so hoch wie möglich zu schwingen und in leuchtenden Farben zu strahlen, denn dann ziehen wir nach dem Resonanzprinzip, auch lauter positive Ereignisse und Menschen in unser erfülltes Leben. Somit ist also die eigene Schwingung ein wichtiger Aspekt, um das beste kommende Jahr zu erschaffen, das für Dich möglich ist. Denn – Du bist das Licht, erinnere Dich!

Foto 13
Voller Neugierde und mit allen Sinnen lebendig wahrnehmen.

Was ist also heute die Farbe Deiner Wahl? Und warum? Nicht nur als Künstlerin bin ich natürlich sehr neugierig, welche Farbe Du für Dich heute wählst und was Du zum Tag, zu der Charakteristik Deiner Farbe und zum Thema Neugier herausfindest.

_____

_____

_____

Ich glaub, ich nehme heute mal Maigrün oder Apfelgrün oder Lindgrün – aber auf jeden Fall Grün! Und direkt habe ich den Geruch von Maiglöckchen in der Nase. – Hmmmm!

Titelblatt 8 – Halte den Fokus und folge der Intention Deines Lebens.

Ich gehe und gehe
weite die Kreise
gehe zum Ursprung und Ziel.
Ich gehe die Pfade
der großen Spirale
und singe das uralte Lied.

(überliefert)

5. Rauhnacht – PLANEN

Die fünfte Rauhnacht entspricht der Energie des Monats Mai im kommenden Jahr.

Denkanstöße für den Tag

- Was ist das Potential dieses neuen Jahres?
- Wo fehlt Dir noch was für den Überblick?
- Wofür brennst Du, was will dieses Jahr von Dir mit Leidenschaft umgesetzt werden?
- Welcher Schritte bedarf es?
- Was gilt es nun zu planen
- Welche Gefühle möchtest du mehr und welche weniger fühlen?
- Wofür möchtest Du mehr und wofür weniger Zeit und Kraft verwenden?

Wenn du noch tiefer gehen möchtest

- Was gibt Dir Sicherheit?
- Wie nimmst Du Dein ganz persönliches Streben nach Sicherheit wahr?
- Wie sehen Deine Finanzen aus?
- Was bedeutet Wohlstand für Dich?
- Welchen Platz nehmen Lust, Gewinn, Genuss und Sinnlichkeit in Deinem Leben ein?
- Was gibt es heute zu tun?
- Magst Du Deinen Körper?
- Wie nährst Du Deinen Körper?
- Gibt es Gewohnheiten, die dich noch hindern ins Tun zu gehen?

Gedanken zum Tag & der Tagesqualität

_____

_____

_____

_____

_____

_____

_____

_____

_____

_____

_____

_____

Foto 14
Verschaffe Dir einen Überblick.

Dich auf Dein Ziel ausrichten kannst Du nur, wenn Du es kennst und gut vorbereitet bist. Selbstverständlich ist es wichtig, in der Ruhe ein Gefühl zu entwickeln, die passende Zeit finden und dann beherzt loszugehen. Jedoch, wenn Du es in der entscheidenden Phase versäumst, Daten, Zahlen, Fakten zusammenzutragen, dann startest Du unvorbereitet in Dein Projekt. So verschaffe Dir also nun einen angemessenen Überblick und entwickle die passende Strategie und einen Plan.

Auf einen hohen Berg würdest Du ja auch nur mit entsprechendem Schuhwerk, passender Kleidung, einer guten Landkarte, einem Blick auf Wetterlage und Route starten. Und natürlich hättest Du auch Verpflegung und Übernachtungsmöglichkeiten … eingeplant und noch so einiges mehr. Stünde nun der Aufstieg auf den Mount Everest bevor, würdest Du Dich noch gründlicher und intensiver vorbereiten. Ansonsten wäre Deine Tour und Dein Leben möglicherweise in Gefahr und Dein Ziel schon überhaupt gar nicht erreichbar.

> Die Definition von Wahnsinn:
> Das Gleiche immer und immer wieder tun
> und ein anderes Ergebnis erwarten[12]
>
> Albert Einstein

Ebenso verhält es sich mit Deinem Herzensprojekt oder Deinem besten kommenden Jahr. Wenn Du es wirklich erreichen willst, benötigst Du eine gute Vorbereitung und einen Plan. Welche Aspekte liegen auf dem Weg und wie kannst Du Dich dafür rüsten? Welche Vorbereitungen kannst Du nun treffen? Gibt es eine Abkürzung, Mitreisende oder Faktoren, die Deine Reise begünstigen und voranbringen. Nun ist die stimmige Reihenfolge und der Ablauf der Dinge entscheidend.

---

[12] https://beruhmte-zitate.de/zitate/1958100-albert-einstein-die-definition-von-wahnsinn-das-gleiche-immer-und/ - auf gerufen am 09.03.2023

Gehe in den Prozess zur Vorbereitung für Dein Projekt, also das, was Du im kommenden Jahr umsetzen und erschaffen möchtest.

_____

_____

_____

_____

Wenn Du noch keine Ahnung zu Deinem Herzensprojekt hast, oder es noch konkreter werden darf, dann möchte ich Dich einladen, den Prozess auf der folgenden Seite damit zu absolvieren. Tausche dazu einfach das Wort Tageskarte /-impulse aus und ersetze es mit Herzensprojekt oder, was Du im kommenden Jahr für Dich wünscht.

Dann wird sich der Nebel lichten, da bin ich sicher – und Du kannst Deinen konkreten Plan erstellen und erkennen, welche Schritte es nun tatsächlich benötigt, um Deine Ziele auch zu erreichen. Stelle Dir dann abermals die passenden Fragen, die Du Dir schon im März das erste Mal gestellt hast, und nun suche die stimmigen Antworten darauf, eben die, die sich für Dich in Deinem Herzen richtig anfühlen.

Was braucht es, um Dich konkret zu Deinem Ziel zu führen?

_____

_____

_____

_____

Erstelle Dir doch nun direkt eine Todo-Liste oder eine Notiz im Handy, in dem Du ab jetzt alle Fakten und Ideen dazu sammelst und daraus Deinen Plan entwickelst. **Fange heute damit an!**

Abb. 2
Wenn Du noch tiefer einsteigen möchtest.

Foto 15
Was braucht es für Deine Vorbereitung und Absicht?

Wenn Du noch tiefer gehen möchtest, arbeite doch mit der Spirale irgendwo in der Natur. Besorge Dir dazu mindestens 1 Kg gutes Maismehl. Dann suche Dir einen schönen Platz, säubere ihn und dann lege dort Deine Spirale. Nimm Dir genügend Zeit, meiner Erfahrung nach benötigst Du insgesamt mindestens 2 Stunden.

Deine Spirale sollte mindestens 4 Umdrehungen haben und rechtsherum drehen (also im Uhrzeigersinn). Wenn sie fertig ist, räuchere und bitte die Spirits um Unterstützung. Dann gehst Du langsam und bedächtig in die Spirale.
   Beim Hineingehen gibst Du alles ab, was Dich hindert und belastet. In der Mitte verweile, verbinde Dich mit Himmel und Erde, den Kräften der vier Himmelsrichtungen. Hier kannst Du auch meditieren.
   Beim Hinausgehen bittest Du um Visionen und Ideen für Dein Herzensprojekt und die nächsten, konkreten Schritte.

- Du kannst auch Dein Orakel oder Deine Rauhnachtskarten darin verwenden und sie entsprechend der Himmelsrichtungen außen um die Spirale herum legen.
- Oder Du nutzt ein Kartenset für die intuitive Arbeit, wenn Du in der Mitte Deiner Spirale angekommen bist.
- Oder Du legst mit Deinen Karten die Spirale – wie verändert das die Energie?

Schreibe am besten direkt im Anschluss Deine Erkenntnisse auf.

Titelblatt 9 – Komme in Bewegung und tue, was ansteht.

Der Verstand kann uns sagen,
was wir unterlassen sollen.
Aber das Herz kann uns sagen,
was wir tun müssen.[13]

Joseph Joubert

---

[13] https://www.aphorismen.de/zitat/16669 - aufgerufen am 09.03.2023

6. Rauhnacht – LOSGEHEN

Die sechste Rauhnacht entspricht der Energie des Monats Juni im kommenden Jahr.

Dein Körper ist das Vehikel für die Erfahrungen in diesem Leben. In ihm fühlst Du Dich, in ihm machst Du Deine Erfahrungen in dieser Welt. Körperlichkeit und Sinnlichkeit. Alles steht und fällt mit Deinem gesunden Körper und doch, er ist vergänglich.

Wenn Du aus dem Herzen heraus handelst, die Impulse Deiner Seele hörst und die Weisheit Deines Körpers einbeziehst, dann wird Dein Plan gelingen. Nutze für diesen Schritt also die Kraft der Bewegung, bei der Du, ohne zu denken, aus dem Körper heraus dem Impuls folgst und in die Aktivität gehst.

Denkanstöße für den Tag

- Wie ist Dein Verhältnis zu Deinem Körper?
- Schätzt Du ihn oder siehst Du ihn eher als Hindernis?
- Was kannst Du tun, um Deinen Körper wieder besser wertzuschätzen und zu pflegen?
- Wo entsteht bei Dir rein aus dem Körper heraus etwas, ohne zu denken?
- Wie ist die Verbindung von Herz und Körper?

Wenn du noch tiefer gehen möchtest

- Was möchte schon längst mitgeteilt werden?
- Welche Widersprüche gehören für Dich zusammen?
- Wo benötigst Du mehr Leichtigkeit, Beweglichkeit, Vielfältigkeit?
- Wo hast Du viele Möglichkeiten, mehrere Optionen?
- Wo geht es darum, diese auszudrücken?
- Wo braucht es einen Wechsel, Ortswechsel, Urlaub, Reise?

Gedanken zum Tag & der Tagesqualität

Wachstum durch Sein und Tun. Öffne Dich für offene und wertschätzende Kommunikation aus dem Herzen heraus und vertrete damit Deine eigene Wahrheit. Verbinde Dich doch heute über Deinen Körper mit der Herzkraft. Fühle ganz tief in Dein Herz hinein. Lasse goldenes, göttliches Licht einströmen und nehme nur wahr.

Was fühlst Du, was siehst, hörst, schmeckst, riechst Du hier? Wie fühlt sich Dein Herzraum an?

_____

_____

_____

_____

_____

_____

Foto 16
Tauche ein in Deine Herzenskraft und handle von hier.

Dazu kannst Du Dir auch ein Foto eines Fingerhuts meditativ betrachten oder in die Meditation vom ersten Tag noch einmal hineintauchen. Der Fingerhut heilt mit seiner lieblichen Energie und der Verbindung zur göttlichen Lichtkraft die Verletzungen Deines Herzens. Es geschieht einfach durch Deine Absicht und Entscheidung.

Du könntest beispielsweise auch, wenn Du damit in Resonanz gehst, Energiewasser mit dem Fingerhut anfertigen und dieses beispielsweise dann in Dein Badewasser geben.

Wenn Du also über Dein körperliches Herz in Verbindung mit Dir gehst und aus dieser heraus losgehst, aktiv wirst und in Bewegung kommst, so wird sich Dein lichtvoller Weg vor Dir in Leichtigkeit entfalten.

Erschaffe aus dem Körper heraus

Dein Körper weiß, jenseits Deines Verstandes. Drum sind alle Arten von Bewegung, aus der heraus Du erschaffst, heute an diesem Tag für Dich wichtig. Damit greifst Du auf eine tiefere Ebene von Intelligenz zu.

Ich liebe es beispielsweise mit den Händen Wasser- oder Acrylfarbe zu malen. Über das Gefühl der Farbe und die Bewegung meiner Hände und damit meines Körpers komme ich so an tieferliegende Informationen und in Prozesse, die mit auf der Oberfläche des Verstandes nicht zugänglich gewesen wären. Gleichzeitig transformiere ich so über den Körper alte Themen und Blockaden, die über diese Bewegung in die Sichtbarkeit bewegt werden. Versuche es doch auch einmal selbst.

Intuitiver Malprozess:

Nimm Dir eine Acrilfarbe, die Dich gerade besonders anspricht. Trage sie auf Deine Finger auf, so dass Du genügend Farbe hast, um damit auf einem großen Blatt Papier (mindestens DINA3) flüssige Bewegungen zu machen. Je nach Lust und Laune gib Dich einfach der Bewegung hin, dem was da ist und was raus möchte.

Nur Dein Körper, Deine Hände bestimmen den Rhythmus, Form und die Art und Weise, wie Deine Fingerüber das Blatt gleiten. Es braucht gar nichts zu sein oder darstellen. Es geht nur um das Ausdrücken Deines Körpergefühls. Du kannst dafür auch die Augen schließen, mit einer oder beiden Händen die Impulse aufnehmen und weitergeben.

Wenn Du zu wenig Farbe auf Deine Finger aufgetragen hast, nimm noch einmal Farbe nach oder eine neue, weitere Farbe. Gehe nur mit der Bewegung und Deiner Intuition. Der Kopf wird das alles vielleicht sehr komisch finden und wird Dir womöglich Geschichten erzählen, warum das bei Dir sowieso nicht funktioniert, generell Blödsinn oder Sonstiges ist, lächerlich! Und Du direkt damit aufhören solltest! Mach einfach weiter, lächle und sage ihm, dass er das gerne alles so denken darf und es so sein darf, Du aber trotzdem weitermachst …

Dann kannst Du auch gerne noch weitere Blätter mit der intuitiven Bewegung Deiner heutigen Farben bestreichen. Es ist wie malen und ausdrücken von verborgenen Energien. Beginne nun, die Dinge, die Du aus der Bewegung heraus, farbig aufs Papier gebracht hast, zu betrachten.

Erinnert Dich das, was Du siehst an etwas? Sind Formen, Gesichter oder Figuren zu erkennen? Wenn Du nichts erkennst, blicke aus größerer Entfernung, was verändert sich?

Nun kannst Du dazu übergehen, das, was Du wahrnimmst, weiter auszuarbeiten. Das mache entweder mit neuen, passenden Farben, mit Deinen Fingern oder mit einem Pinsel oder Stiften. Male nun immer detaillierter an einzelnen Stellen und verdeutliche, was Dein Unterbewusstsein bereits wahrgenommen hat.

Somit tritt immer deutlicher hervor, was Dein Körper schon längst wusste und was als Energie in Deinem Feld lag. Dazu musst Du nicht malen können, sondern Du folgst einfach Deinem inneren Staunen und Deiner Intuition. Es geht nicht darum, etwas perfekt zu malen, sondern die Energie auszudrücken. Du darfst immer wieder eine neue Schicht darüberlegen und beobachten, wie sich das Bild damit wandelt.

Wenn Du das Gefühl hast, Dein Gemälde ist fertig, dann betrachte es aus verschiedenen Blickwinkeln, von nah und fern. Richte Deine Intuition darauf aus und empfange die Botschaft, die aus Deiner Körperintelligenz heute mit Dir spricht.

Intuitives Mandala:

Wenn Du es etwas konkreter magst, möchte ich Dich heute ermuntern, folgendes Mandala ganz intuitiv nach Deinen Wünschen und Visionen auszumalen. Lege dazu doch zunächst Deine flotte und motivierende Lieblingsmusik ein und tanze mindestens 10 Minuten wild und ausgelassen.

Dann nimm Dir die bereitgelegten Stifte und die Vorlage des Mandalas auf der folgenden Seite oder ganz frei, die Dich momentan ansprechen und male. Du kannst die Vorlage auch kopieren und in der Kopie malen. Folge der Bewegung, die entstehen möchte, gehe in den Fluss der Energien Deiner Farben und lasse einfach durch Dich hindurch entstehen. Versuche Dich ganz auf das Malen einzulassen, ohne zu denken und ohne zu werten.

Das Mandala

Unsere spirituelle Intelligenz strebt nach Ganzheit, Heilung und Harmonisierung. Das Mandala in der östlichen Spiritualität und das Labyrinth hier in der christlichen Tradition sind Mittel, um das zu erreichen. Selbst im Alltag finden wir überall Mandalas in der Natur. Betrachte beispielsweise eine Sonnenblume oder die Augen-Iris eines Menschen. Wissenschaftliche Untersuchungen haben ergeben, dass Neugeborene mit dem Bedürfnis auf die Welt kommen, Kreise anzuschauen. Wahrscheinlich liegt es daran, dass Kreise uns zu Ganzheit und zur Urverbindung mit der Quelle (der Nahrung – der Brust) führen.

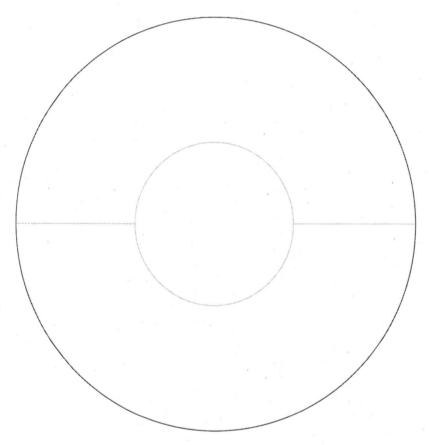

Abb. 3
Dein eigenes Mandala erstellen

In der westlichen Welt ist C.G: Jung der erste, der auf die Stärke des Mandalas als psychisches Heilmittel aufmerksam machte. Hier ein Kommentar C.G: Jungs zu Mandalas:

»Ich zeichnete jeden Morgen in einem Notizbuch eine kleine runde Zeichnung, ein Mandala, das meiner damaligen inneren Situation zu entsprechen schien. Mit Hilfe dieser Zeichnungen konnte ich meine psychischen Transformationen von Tag zu Tag beobachten. Erst nach und nach entdeckte ich, was das Mandala wirklich ist: »Formation, Transformation, ewige Erholung des ewigen Geistes« (Faust, II) ... Meine Mandalas waren Kryptogramme. In dem ich das Selbst, das heißt mein ganzes Sein, aktiv bei der Arbeit sah. Natürlich konnte ich sie zunächst nur schwach verstehen; aber sie schienen mir höchst bedeutsam zu sein, und ich behütete sie wie kostbare Perlen. Ich hatte das ausgeprägte Gefühl, dass sie etwas Zentrales waren, und mit der Zeit bekam ich durch sie eine lebendige Vorstellung vom Selbst. Ich dachte, das Selbst war wie die Monade, die ich bin und die meine Welt ist. Das Mandala repräsentiert diese Monade und entspricht der mikrokosmischen Natur der Psyche.«

Wie Du Dich also in diese Welt einbringst, ist Deinen inneren Bildern, Deinen Gaben und Träumen überlassen. Es unterliegt Deinem freien Willen, was Du daraus machst und kreierst. Sei Dir jedoch gewiss, Du träumst Deinen Traum und damit Dein Leben aus einem bestimmten Grund. Du bist Teil der Orchestrierung des großen Wandels der Menschheit und Du trägst einen entscheidenden Beitrag dazu bei. Je mehr Du Dich ausdrückst und lebst, desto mehr nimmst Du Deinen Platz ein und übernimmst die Verantwortung für Dich und Dein Leben. Du bist etwas ganz Besonderes, vielleicht ist Dir das nur noch nicht so ganz klar, was das genau ausmacht.

Wenn Du eine kleine Inspiration und ein fantastisches Beispiel für eine besondere Gabe suchst, so gib doch bei YouTube »Jacob Collier« ein und klicke Dich durch die Videos und verschaffe Dir einen kleinen Überblick über die Gaben dieses Künstlers. Er malt mit Musik und die Menschen im Publikum sind Feuer und Flamme.

Deine Gabe erscheint Dir möglicherweise aktuell noch als gar nichts Besonderes. Sie ist ja vermutlich etwas, das Dir leichtfällt. Deshalb tun sich so viele Menschen so schwer, ihre Lebensaufgabe oder Ihre Begabung zu entdecken. Sie denken, es ist so einfach und, dass sie direkt vor ihrer Nase liegt, können sie sich nicht vorstellen. Dabei ist Deine Superkraft, genau das: Einfach, mit Leichtigkeit und Freude!

Foto 17
Was Du von Dir gibst macht einen Unterschied.

Viele Menschen sind so sehr bemüht, alles richtig zu machen und angepasst zu leben, dass sie diesen entscheidenden Unterschied völlig übersehen. Es geht niemals um die anderen und was sie wollen, sondern immer nur um Dich! Um das, was Du willst. Um den Ausdruck von Dir, den nur Du in diese Welt bringst! Auf Deine eigene Weise.

Nur Du kannst es genau so tun, niemand anders kann es. Wenn Du es nicht tust, wird es niemand anderes erledigen. Dein innerer Wegweiser ist das, was Dir Freude bereitet. Dein Weg in die Freude liegt dort, wo Du Leichtigkeit findest.

Dabei entdeckst, entfaltest und entwickelst Du Dich weiter. Du gibst Dich ohne Vorbehalte oder doppelten Boden – ganz. Niemand kann Dir das abnehmen. Niemand kann Dir sagen, wie Du es tun sollst. Es braucht Dich und wie Du in Bewegung kommst, und Dich hineingibst, dann erst wird Dir das Universum antworten. Und auch nur dann kann sich die Magie entfalten, Deine Magie und der Flow beginnt. Der Moment, in dem alles scheinbar wie von selbst läuft, eben in Leichtigkeit und Freude. Es ist wie beim Schaukeln so auch in Deinem Leben, nur wenn Du selbst den Schwung gibst, kannst Du hochschaukeln.

Bist Du schon einmal auf einer Baumschaukel an einem großen Baum geschaukelt? Sehr lange Seile und der Baum machen das zu einem unvergesslichen Erlebnis. Es ist, als ob das Herz vor Freude in Dir jauchzt, also zumindest bei mir ist das so. Schaukeln wird jedoch nur funktionieren, wenn Du kräftig anschubst und in Bewegung kommst. Und genau so wird die Magie des Lebens erst durch Dich wirken, wenn Du Deines dazu gibst.

Wo brauchst Du jetzt Bewegung und mehr Schwung, damit das Universum Dir etwas zurückgeben kann?

_____

_____

_____

_____

_____

_____

_____

_____

_____

_____

_____

Vielleicht möchtest uns auch Du Dein ganz persönliches Mandala oder ein intuitives Gemälde mit jemandem teilen? Oder Du gehst auf einen Spielplatz zum Schaukeln? Genieße den heutigen Ausdruck Deines Herzens mit Dir selbst!

Titelblatt 10 – Dein Leben ist Dein Spiegel.

Wenn du schnell gehen willst,
dann gehe allein.
Wenn du weit gehen willst,
gehe mit anderen.[14]

Afrikanisches Sprichwort

---

[14] https://www.aphorismen.de/zitat/144019 - aufgerufen am 09.03.2023

7. Rauhnacht – FEIERN

Die 7. Rauhnacht entspricht der Energie des Monats Juli im kommenden Jahr.

Und an dieser Stelle möchte ich betonen, dass ich nicht Wort »Feiern« benutze, im Sinne der vielen Menschen, die mittlerweile angeben »Feiern gehen« als Freizeitbeschäftigung oder Hobby zu unternehmen. Ich möchte diesen Begriff an diesem siebten Tag der Rauhnächte eher im Sinne von »etwas würdigen« oder »festlich begehen« nutzen. Also es geht mir eher um ein Gefühl von gemeinsam mit anderen genießen, als um oberflächlichen, schlichten Party- oder Alkoholkonsum. Es geht mir darum, etwas zu ehren und anzuerkennen, als etwas besonders Großartiges.

Denkanstöße für den Tag
- Feierst Du Dich und das Leben gerne?
- Was brauchst Du, um Dich beim Feiern wohlzufühlen?
- Mit wem feierst Du gerne?
- Kannst Du einfach und ganz ausgelassen feiern?

Wenn du noch tiefer gehen möchtest
- Welche Gefühle in Dir bemerkst Du?
- Welche Gefühle weisen Dir den Weg zu Deinem ich?
- Wie sind Deine Verbindungen zu Deiner Familie? Nicht vorhanden, ungesund, zu eng …
- Was hemmt Dich aus Deinem Familiensystem, beim Vorangehen?
- Was hast Du übernommen?
- Wo ist es Zeit, Muster aus dem Familiensystem zu hinterfragen?
- Was sind alte Muster, die Dir nicht mehr dienlich sind?

Gedanken zum Tag & der Tagesqualität

Om
Namo
Bhagavate
Vasudevaya

Das Göttliche in mir grüßt das Göttliche in Dir.

Foto 18
Geborgen in Gesellschaft. Genieße und pflege Deine Freundschaften.

So wurde mir dieses Mantra der Anerkennung in einer Einweihung übersetzt. Es erinnert uns daran, dass hinter allem die wahre Göttlichkeit steckt und erkennbar ist. Das Mantra offenbart uns, dass das göttliche Licht in allen Wesen ist und auch in Dir selbst. Ich liebe Deva Premal, wenn sie dieses Mantra singt. Findest Du eines, das Dir noch besser gefällt?

Diese drei Vögel waren übrigens im vergangenen Urlaub fast 10 Tage lang unsere Begleiter, direkt neben unserer Haustüre. Nach diesem Foto dauerte es keine 10 Minuten mehr und sie waren aus ihrem Nest geflogen. Das Wunder des Lebens – in Dir und mir! Freunde, miteinander und geborgen in Gesellschaft.

Nimm Deine Talente an und drücke sie aus. Feiere Dich! Entscheide Dich für Dich, drücke Dein Empfinden in der Gemeinschaft aus. Urteile nicht über Dich oder andere. Die Welt braucht Dich, genauso wie Du bist. Aber sei Dir gewiss, Du brauchst Menschen, die von Deiner Art und von Deinem Denken sind. In der Gemeinschaft mit Menschen, die ähnlich ticken wie wir, können wir gesund und ausgeglichen leben.

Du bist es, nicht mehr und nicht weniger. Du bist der Mittelpunkt. Kein anderer ist wichtiger als Du. Was fühlst Du, wie fühlst Du? Gibt es noch Gefühle, die Du lieber nicht hättest? Etwas, das Dir gerade passiert ist und das Dir unangenehm ist? Dann freue Dich, denn es sind genau diese unangenehmen Gefühle, die der Schlüssel zu Deiner Heilung sind. Wenn Du wirklich einen Schritt damit weiterkommen möchtest, so fühle einmal nur ohne direkt dem Impuls zu folgen das Gefühl wieder wegzudrücken und atme.

Frage Dich heute, wie will sich Deine Schönheit zeigen in Kunst, Musik, Gesang, Tanz, ... Lebe harmonische Geselligkeit, Miteinander, Charme und seelische Weite ... Was und wie möchtest Du Dich feiern? Ich möchte Dich einladen, Dir heute zu erlauben, Dich wahrhaftig begeistert auszudrücken. Vielleicht gehst Du in den Wald oder in die Natur und tanzt, wild, unangepasst und frei! Singst laut, schön oder falsch, einfach so wie es aus Dir herausbrechen möchte. – Denn, es ist die Zeit, die Masken fallen zu lassen und nichts mehr zu beschönigen oder zu verbergen.

Was hast Du erlebt, bei Deinem Ausdruck? Welche Hindernisse, Gedanken ... tauchten auf?

Ging es einfach oder schwer und warum?

_____

_____

_____

_____

_____

_____

_____

_____

Ist es Wut, Trauer, Angst – oder eine Mischung daraus? Wo in Deinem Körper nimmst Du dieses Gefühl wahr. Benenne es. Lass es sein, atme damit. Immer und immer wieder. Bitte das göttliche Licht und die Liebe um Heilung und Transformation des Gefühls. Bitte um Erkenntnis und Verstehen mit der Situation.

Was ist das Geschenk in dieser Sache, was Dein Reifungsprozess? Tauche immer weiter da hinein. Geh weiter, auch wenn es scheint, dass Du verschlungen oder aufgefressen wirst. Fühle! Du bist nicht Deine Gefühle. Es gibt eine Instanz, die beobachtet und lernt.

Irgendwann, wird es sich wandeln und Du bist da durch. Das merkst Du daran, dass keine Ladung mehr hinter der ursprünglichen Situation steckt. Es wird unwichtig. Es ist keine Energie mehr da … Dann hast Du kein Interesse mehr darüber zu denken oder zu sprechen, Du wirst es einfach vergessen. Du kannst unterstützend auch einen intuitiven Malprozess nutzen. Heilst Du Dich, heilst Du die Welt. Bringst Du Dich ganz ein, so bringst Du die ganze Welt ein. Tue, was Du tust, ganz und mit vollem Einsatz. Feire Dich genauso, wie und wo Du jetzt gerade bist!

> Was wir alleine nicht schaffen
> Während sich andere plagen, und nichts passiert
> Sind wir zur rechten Zeit am rechten Ort
> Und alles ist arrangiert, ich bin dankbar dafür
> Ich bin dankbar dafür
> Weil ich jeden Tag mit meinen Brüdern und Schwestern
> Das echte Leben spür
> Was wir alleine nicht schaffen
> Das schaffen wir dann zusammen
> Dazu brauchen wir keinerlei Waffen
> Unsere Waffe nennt sich unser Verstand
> Und was wir alleine nicht schaffen
> Das schaffen wir dann zusammen
> Nur wir müssen geduldig sein
> Dann dauert es nicht mehr lang
> Nur wir müssen geduldig sein
> Dann dauert es nicht mehr lang
> Nur wir müssen geduldig sein

> Dann dauert es nicht mehr lang
> Die anderen können lachen
> Keiner lacht mehr als wir
> Was soll'n sie auch machen
> Wir sind Ritter mit rosarotem Visier
> Ein Leben ohne Euch macht wenig Sinn …[15]
>
> Xavier Naiidoo

Eine gute Übung zum Fühlen ist es auch, die Monate im kommenden Jahr in ihren Energien zu fühlen und wahrzunehmen. Wie wirst Du Dich im … (Monat) fühlen? Wenn Du Dir die Orakelkarten mit den Monatsenergien angefertigt hast, so nimm Dir mit ihrer Unterstützung die Monate einzeln vor, am besten zufällig.

Lege Deine Hand auf die ausgeschnittene, umgedeckte Karte und fühle. Schreibe, ohne die Karte anzuschauen in Dein Rauhnachtsbuch oder hier im Folgenden, was Du wahrgenommen hast. Erst am Schluss ordne die Monate zu und notiere Dir Deine Ergebnisse.

Während des Jahresverlaufs kannst Du dann immer wieder gegenchecken, wie Du Dich gerade fühlst und was Du während der Rauhnächte während dieser Übung dazu wahrgenommen hast.

_____

_____

_____

_____

_____

Wenn Du noch mehr über Gefühlsarbeit und den verantwortlichen Umgang mit Emotionen wissen möchtest, findest Du in meinem Buch »An-

---

[15] https://genius.com/Xavier-naidoo-was-wir-alleine-nicht-schaffen-lyrics - aufgerufen am 25.02.2023

leitung zum Glück« viele konkrete Infos und Methoden für Deine Eigenarbeit damit.

Vergebung ist entscheidend

Und vergiss auch nicht, zu verzeihen. Dir und allen anderen. Denn erst wenn Du wirklich verzeihst, bist Du frei. Frei, das Leben zu erschaffen, das Du Dir erträumst. Dazu empfehle ich Dir das Ho'oponopono-Vergebungsritual als Ergänzung zur oben beschriebenen kleinen Gefühlsarbeit.

> Ich bitte Dich.
> Verzeihe mir.
> Ich liebe Dich.
> Danke.

Damit kannst Du arbeiten, wann immer Dich etwas oder jemand sehr triggert oder beschäftigt, um Deine Energien damit zu klären. Wie gesagt, es geht immer darum, Deine Schwingung zu erhöhen, um aus einer neuen Ebene dann neue Lösungen finden zu können. Die Lösung des Problems findest Du niemals auf der nieder schwingenden Ebene des Problems, sondern nur in der höheren Schwingung.

Mit einem Lied geht das noch viel leichter, es kann wie Dein ständiger Begleiter werden und damit weitreichende, klärende Wirkung entfalten … Suche doch von Brigitte Schmitz den Song Ho'oponopono – ich verzeihe mir. Du fokussierst Dich auf Dich und Dein Gegenüber und vergibst einfach beim Singen. Du wirst sehen, das bewirkt wahre Wunder!

Foto 19
Es ist so, wie Du bist.

Wähle also heute bewusst, welche Feste Du feiern willst und mit wem und vor allem auch wie. Mach Dich frei von all dem Ballast und gib Dich Deinem Empfinden hin. Wer sind Deine Begleiter, mit denen Du Dich wohlfühlst und bei denen Du sein darfst wie Du bist. Wie willst Du Dich am liebsten dabei fühlen? Bist Du dazu mit den passenden Menschen, am richtigen Ort?

Mit wem kannst Du sprechen, der sich mit Deiner Thematik auskennt – vereinbare am besten noch heute einen ersten Termin mit dieser Person. Bei wem wolltest Du Dich so lange ehrlich melden und schaffst es einfach nicht, dann ist heute der geeignete Zeitpunkt dazu gekommen. Freundschaften oder Kontakte nur aus Pflichtgefühl oder Berechnung aufrecht zu erhalten ist Zeitverschwendung für Dich und die andere Person.

Reflektiere heute dazu …

Ja, das erfordert Mut. Und ja, Du wirst reich belohnt werden, wenn Du Dich nicht mehr hinter fremden Bedürfnissen versteckst, sondern Dich zuallererst umsorgst und wichtig nimmst. Denn Du kommst zurück zu Dir und Deinen eigenen Bedürfnissen.

Schenke Dich ganz!
Oder gar nicht!

Wenn Du jedoch Deine Gesellschaft und Deine Menschen gewählt hast, so gehe ganz hinein in den Kontakt und die Verbindung mit ihnen. Halte Dich nicht länger zurück, zeige Dich echt und mit Haut und Haar. Ich erlebe immer wieder Menschen, die sich einsam fühlen und als Außenseiter in einer Gruppe. Jedoch habe ich so oft beobachtet, dass sich genau diese Person zurückzieht, zurückhält und sich nicht aktiv einbringt, so dass die Gruppe ihr lediglich das eigene Verhalten spiegelte.

Gibt es noch Themen in Verbindung mit Gruppen und dem Zusammensein mit anderen Menschen oder fühlst Du Dich aus Gruppen ausgeschlossen? Dann gilt die Einladung dieses Tages, der Heilung Deiner Themen mit anderen Menschen.

Stelle jetzt Deine beurteilenden Gedanken ab. Sei im Moment, lasse Dich ein und grenze Dich nicht länger aus, erhebe Dich auch nicht über andere, in dem Du dich besser, weitblickender, wissender oder weiterentwickelt fühlst als sie.

Schreibe all Deine Gedanken, das Thema oder das Problem in Bezug darauf, die nun in Dir aufgetaucht sind auf einen Zettel. Das dürfen auch mehrere Seiten sein. Noch vor Mitternacht verbrenne diesen Zettel an einem Feuer oder übergebe sie zur Transformation an ein fließendes Gewässer in Deiner Umgebung. Damit kannst Du gereinigt und frei ins Neue Jahr hinübergleiten.

_____

_____

_____

> Verantwortlich ist man nicht nur für das,
> was man tut, sondern auch für das,
> was man nicht tut.[16]
>
> Laotse

Tipp: Nun nutze die Energie des heutigen Tages und von Silvester nun außerdem gut für Dich, um Ordnung zu schaffen für Dich und Dein Leben und das, was im kommenden Jahr zu Dir kommen mag. Denn nur, wenn es auch Raum gibt, kann auch Neues kommen. Von Herzen, feiere schön im Kreise Deiner Liebsten und rutsche gut rüber in ein erfülltes, und gutes Neues Jahr!

---

[16] https://www.zitate.eu/autor/laotse-zitate/5712 - aufgerufen am 03.03.2023

*Titelblatt 11 – Erkenne Deine Gaben,
Talente und den Reichtum in Deinem Leben.*

Mögen alle Lebewesen
überall glücklich und frei sein.
Mögen meine Taten,
Gedanken und Worte
in einer Form zum Glück
und Freiheit aller beitragen.

Lokah Samastah Sukhino Bhavantu

8. Rauhnacht – FÜLLE LEBEN

Die achte Rauhnacht entspricht der Energie des Monats August im kommenden Jahr.

In einem Jahr hatte mir mein ganz persönlicher Baum der Fülle, ein wundervoller alter Walnussbaum, mit riesigen Walnüssen mich wieder sehr reich mit seinen Gaben und Früchten beschenkt. Es waren sogar so viele Nüsse, dass ich gar nicht so viel sammeln konnte, wie ich Nüsse geschenkt bekam.

Reichtum umgibt uns, wir brauchen uns nur umzusehen. Überfluss ist überall in der Natur zu finden. Fülle ist ein Naturgesetz und doch schenken wir begrenzenden Gedanken mehr Glauben, als dieser eigentlichen Tatsache. Wir denken tatsächlich, wir nehmen jemandem etwas weg, wenn wir uns selbst die Fülle erlauben. Dabei ist für jeden genug da!

Denkanstöße für den Tag

- Spürst Du Fülle oder Mangel um Dich herum?
- Alles ist ausreichend da, Du musst es Dir nur nehmen?
- Was hindert Dich am Nehmen?
- Kannst Du die Fülle genießen ohne schlechtes Gewissen?
- Kannst Du Dich am Kleinen freuen?

Wenn du noch tiefer gehen möchtest

- Wie ist Dein Handeln, selbstsicher, optimistisch, authentisch?
- Ist Dein Handeln geprägt von dem Wunsch nach Bewunderung, Liebe, Anerkennung …?
- Wie setzt Du Deine Pläne um? Große oder kleine Schritte?
- Übersiehst Du oft die kleinen Schritte?
- Bist Du selbstreflektiert? Wie beurteilst Du Deine Leistung überkritisch, selbstgefällig oder angemessen?
- Wie erreichst Du Deine Ziele?

Gedanken zum Tag & der Tagesqualität

Ist es nicht wundervoll, dass das Neue Jahr direkt mit dem Thema Fülle beginnt? Alle Möglichkeiten stehen Dir heute dazu offen. Du hast die Wahl, Du stellst die Weichen. Die Energien stehen dir zu Diensten, für alles, was Du Dir wünscht! Denn wenn Du erkennst, dass auch die Liebe in Dir im Überfluss und ohne Limitierung vorhanden ist, kannst Du überfließen, Dich verschwenden und damit andere inspirieren und mit Deinem Licht anstecken.

Nutze also diesen ersten Tag im Neuen Jahr bewusst für Dich, um jetzt genau diese Fülle, Geschenke, die Fruchtbarkeit, den Überfluss und Reichtum auf allen Ebenen in Dein Leben einzuladen! Ich hoffe, Du bist gut angekommen in diesem Jahr voller Möglichkeiten! Diese Fülle an Chancen will nun von Dir wahrgenommen und gelebt werden. Wofür entscheidest Du Dich?

Was bedeutet Fülle und Fruchtbarkeit für Dich? Und dabei meine ich nicht die Abwesenheit von Mangel, sondern Träume und Visionen!

Deine persönliche Fülle finden

Besuche doch einen Kraftort oder eine Wallfahrtskirche in Deiner Nähe und lade Dich mit der Energie und der Fülle eines Kraftortes auf. Bestimmt kennst Du auch eigene Orte, die besonders wohltuend für Dich sind und Du dich frisch und erholt fühlst, wenn Du diese besucht hast. Kultiviere heute genau dieses Gefühl der inneren Kraft, Fülle und Mitte.

Hast Du auch ein schönes Plätzchen im Wald oder in der Natur, das Dir guttut?

Kraft tanken und stärken

Oder zieh doch dort heute mal Deine Schuhe aus und fühle mit allen Sinnen die Erde unter Deinen Fußsohlen. Gehe ein Stück barfuß, auch wenn es kalt ist oder es schneit oder regnet … Du wirst überrascht sein, wie lebendig und kraftstrotzend Du Dich hinterher fühlst.

Hier hat es die letzten Tage geschneit und ich liebe es, die Socken auszuziehen und barfuß den kurzen Weg zur Mülltonne zurückzulegen. Meine Hunde sind immer ganz begeistert, wenn ich laut juchzend die letzten Meter wieder zurückrenne, weil es so kalt an den Füßen wird. Sie haben keine Ahnung, warum ich plötzlich so ungewohnte Töne von mir gebe, aber sie finden es einfach toll. Hinterher fühle ich mich lebendig und kraftstrotzend und völlig in meiner Mitte.

Wenn Du regelmäßig barfuß läufst, kannst Du Dich wunderbar erden, zentrieren und stärken. Auch ein Kneippbad im kalten Gebirgsbach kann wahre Wunder bewirken und längst vergessene Kräfte in Dir wecken. Ich erinnere mich noch gut, wenn wir früher bei meiner Oma im Allgäu in diesen Becken herumwateten und die Beine und Füße vom kalten Wasser irgendwann so weh taten. Hinterher waren wir dann ganz erfrischt und fühlten uns lebendig. Wenn Du dabei auch noch laut kicherst und lachst, wirst Du sehen, die Freude tut ihr Übriges dazu!

Denn allein die Freude ist der Wegweiser zu Deinen Talenten und zu Deiner Lebensaufgabe. Erst wenn Du selbst gut für Dich sorgst und gefüllt bist und die Freude auch wirklich empfindest, kannst Du Dich um andere kümmern. Ansonsten wirst Du irgendwann leergegeben sein. Erst wenn Du gut genährt bist, kannst Du aus dem Füllhorn Deiner Gaben schöpfen und sie voller Begeisterung leben und verschwenden, das vergessen viele Menschen immer noch zu oft. So sorge heute besonders gut für Dich!

Foto 20
Wie kannst Du Dich heute nähren, erfüllen, bestärken, durchfluten, ausdehnen?

Hier einige weitere Beispiele für Kraftorte zur Inspiration

Oft wurden Kirchen auf alten Platzorten errichtet. Du kannst einfach selbst wahrnehmen, ob ein Ort ein Kraftort für Dich ist. Wie fühlst Du Dich dort? Geht die Energie und die Schwingung nach oben? Fühlt es sich hell, weit und leicht an? Dehnt sich die Energie aus?

Hier ein paar Beispiele von Kraftorten:

- Bad Uracher Wasserfall
- Blautopf, Blaubeuren
- Falkensteiner Höhle, Bad Urach
- Alte Kirche, Pellworm
- die heilige Quelle, Bordelum
- Marien Grotte, Plochingen
- Externsteine, Horn-Bad Meinberg
- Mariendom, Hildesheim
- Gnadenkapelle, Altötting
- Ruine, Bad Frauenalb

Du musst folglich nicht gleich auf den Jakobsweg oder in die Ferne reisen, um einen oder Deinen Kraftort für Dich zu finden. Es gibt sie auch in

Deiner Nähe. Auch wenn Du in der Stadt lebst, kannst Du diese Momente der Kraft und in der Natur für Dich finden. Ich erinnere mich zum Beispiel an eine kleine Kirche Mitten in London oder auch in Florenz an den kleinen Berg mitten in der Stadt, auf dem sich die jungen Menschen abends trafen oder auch an die besondere Energie in Stuttgart Feuersee. Es gibt bekannte Kraftorte, die oft auch Wallfahrtsorte sind, jedoch gibt es auch die kleinen, etwas unscheinbareren und weniger bekannten.

Wo findest Du heute Deinen Ort der Kraft, um Dich aufzuladen? Ich freue mich auf einen üppigen Tag. Wenn Du magst, schicke mir doch von Deinem ganz persönlichen Kraftort ein Foto oder eine Mail, vielleicht ein Geheimtipp?

Welche Beobachtungen hast Du an Dir an Deinem Kraftort bemerkt?

_____

_____

_____

_____

Dazu will ich Dir heute noch eine kleine Geschichte zum Nachdenken erzählen und dich zum Reflektieren Deiner Erlebnisse während der Rauhnächte anregen.

Es war im Sommer, da will ich die Hunde, wie so oft bei heißem Wetter, an einem kleinen Wasserloch auf einer nahen Streuobstwiese baden und abkühlen lassen. Ein kleiner feiner, verborgener Kraftort. Ich wohne ja im Schwäbischen und da bestimmen typischen Obstbäume auf den grünen Grasflächen die Kulturlandschaft.

Die Hunde sind gerade dabei ins Wasser einzusteigen und plötzlich sehe ich einen Goldfisch schwimmen. Zunächst dachte ich, ich hätte mich vertan oder verguckt, dass ich an diesem Ort einen Goldfisch sehe.

Aber da war tatsächlich ein ziemlich großer Goldfisch im Becken. Nun überlegte ich, ob jemand diese Quelle jetzt als Goldfischteich nutzt … Zu diesem Zeitpunkt war der Fisch ganz vergnügt und schwamm in dem kleinen Becken umher. Allerdings ist das Wasser dort ziemlich kalt und dieses Becken ist recht klein. Also vielleicht so 80 auf 60 Zentimeter, unser großer Hund ist bis knapp zur Brust im Wasser, wenn er drinsteht.

Also ging ich weiter auf meiner Spazierrunde und freute mich über diese unerwartete Begegnung. Als ich schließlich wieder zu Hause war, begann ein Gedanke in mir aufzusteigen. Das war doch wirklich alles sehr komisch. Dieser Fisch war dort bestimmt ausgesetzt worden! Nun drängte es mich plötzlich, schnell etwas zu unternehmen. Wer weiß, ob dieser kleine Fisch dort eine Überlebenschance hatte? Denn es gab schließlich nichts zu fressen dort. Ich fragte in unserer Nachbarschaft herum und fand sehr schnell einen schönen Teich, in dem er willkommen war und einziehen durfte.

Ich machte mich also zu Fuß und mit Eimer und Käscher ausgerüstet auf den Weg zur Quelle. Das sind so ungefähr 2,5 Kilometer von unserem Haus. Dort entdeckte ich sofort, dass sich mit dem Wasser irgendwas verändert hatte. Plötzlich war es trübe und schaumig und der kleine Fisch war gar nicht mehr so vergnügt. Ich fing ihn ein, versetzte ihn in den Eimer, den ich zwischenzeitlich mit Wasser gefüllt hatte und begann den Heimweg. Und der Heimweg zog sich mit dem schweren Eimer extrem in die Länge. Gefühlt wurde der Eimer mit jedem Schritt schwerer und schwerer. Und ich hatte ihn sehr voll gemacht, da der Fisch ja mit genügend Sauerstoff diese Reise überstehen sollte.

Mit Unterstützung der neuen Besitzerin, die mir irgendwann zum Glück entgegenkam, schafften wir es aber doch. Versetzten den Goldfisch direkt in den neuen Teich. Er tauchte sofort tief in die unteren Regionen ein und ward verschwunden. Es gab noch eine ordentliche Portion Futter für alle, denn er hatte nun auch noch 5 weitere Begleiter im neuen Teich. Und nach ein wenig Zeit und mit ein bisschen Geduld, konnten wir ihn schließlich schwimmen sehen und mit seinen neuen Gefährten Kontakt aufnehmen.

Weshalb ich Dir das heute erzähle, am Tag der Fülle? Nun, alles was in Deinem Leben geschieht, hat einen Grund – entweder ist es eine Lernaufgabe oder ein Geschenk. Zunächst steht der Goldfisch als Krafttier für

Reichtum und Überfluss, so dass ich die Geschichte schon deshalb für die heutige Rauhnacht sehr gut geeignet empfinde. Er fördert außerdem Ideen und die eigene Leuchtkraft, also eine höhere Schwingung, welche es braucht, um die eigenen Projekte oder das beste Leben zu erschaffen, zum höchsten Wohle von allem, was ist ... Und, ganz gleich, was mir geschieht, alles hat mit mir zu tun und ich bin zuständig und verantwortlich – eben genau deshalb, weil es mir geschieht.

Manchmal muss man durchhalten und weitermachen, auch wenn's schwer ist, aber gemeinsam wird es leichter. Und – jedes Lebewesen hat es verdient ein glückliches Leben zu führen! Auch oder gerade weil's ja »nur« ein Goldfisch ist. Denn der Segen, die Fülle des Lebens erschaffen sich durch Dich in diese Welt.

Was ist Dir heute zu Neujahr besonderes passiert und wie reflektierst Du es also in Bezug auf das kommende Jahr, Dich und die heutige Rauhnacht?

_____

_____

_____

_____

_____

*Foto 21
Öffne Dich für den Überfluss, der Dich umgibt.*

Titelblatt 12 – Gefühl über Kopf.
Folge Deiner Intuition, sie führt Dich sicher.

Kopf sagt nein, das Herz schreit ja

Ja oder Nein
Soll ich oder nicht
Engel und Teufel
Spielen Karten um mich
Ich spür' dein Signal
Ich will dich total
Ich hab mir geschworen
Nein es gibt kein Nochmal
Du schaust mich nur an
Und alles fängt schon wieder an
Der Kopf sagt »nein«
Das Herz schreit »ja«
Verdammt ich kenn'
Doch die Gefahr
Ich glaub ich bin süchtig
Nach dem Wahnsinns-Glücksgefühl
Der Kopf sagt »nein«
Mein Herz »ich will«
Vielleicht riskier' ich ja auch zu viel
Himmel und Hölle sind so nah in diesem Spiel
Ja oder Nein
Schwarz oder weiß
Verbotenes Feuer
Ich kenne den Preis
Kopf oder Zahl
Das ist nicht normal
Ich muss mich entscheiden
Ich hab keine Wahl
Du schaust mich nur an
Und alles in mir schlägt Alarm
Der Kopf sagt »nein«
Das Herz schreit »ja«

Verdammt ich kenn'
Doch die Gefahr
Ich glaub ich bin süchtig
Nach dem Wahnsinns-Glücksgefühl
Der Kopf sagt »nein«
Mein Herz »ich will«
Vielleicht riskier' ich ja auch zu viel
Himmel und Hölle sind so nah in diesem Spiel
Der Kopf sagt »nein«
Das Herz schreit »ja«
Verdammt ich kenn'
Doch die Gefahr
Ich glaub ich bin süchtig
Nach dem Wahnsinns-Glücksgefühl
Der Kopf sagt »nein«
Mein Herz »ich will«
Vielleicht riskier' ich ja auch zu viel
Himmel und Hölle sind so nah in diesem Spiel[17]

Wolkenfrei

---

[17] https://www.songtexte.com/songtext/wolkenfrei/der-kopf-sagt-nein-das-herz-sagt-ja-3311a8f9.html

9. Rauhnacht – FÜHLEN

Die neunte Rauhnacht entspricht der Qualität und Energie des Monats September im kommenden Jahr.

Was wäre, wenn alles schon da wäre und Du niemanden mehr zu fragen bräuchtest? Alle Antworten sind in Dir! Leider haben wir es jedoch im Laufe unseres Lebens verlernt auf diese innere Stimme zu hören und ihr zu vertrauen. Zu laut waren die Stimmen im Außen. Und in der Kindheit war es überlebensnotwendig, sich einzufügen und den anderen zu vertrauen.

So haben die meisten von uns schließlich ganz vergessen, dass es diese innere Stimme überhaupt gibt oder, wie sie klingt. Sie dann wieder unterscheiden zu lernen, von den vielen Stimmen in und außerhalb von Dir, die nicht Deine eigenen sind, das ist der Weg zurück zu Deiner Intuition und zu Dir! Der Blick nach innen ist Dein Wegweiser.

Höre deshalb heute verstärkt auf Deine innere Stimme – was sagen Dir Bauch und Herz? Und überprüfe immer wieder, ob es noch Dein Weg ist, auf dem Du Dich befindest und ob er überhaupt noch stimmt. Aktuell stellen sich viele Menschen diese Fragen und spüren, dass die Veränderung sie ruft. Jedoch, der Verstand erfindet viele Gründe, warum Du Deinen Ängsten, Erwartungen und Sorgen folgen musst. Und bitte ja nicht aus der Masse ausscheren! Jedoch das wahre Glück und Deine Aufgabe findest Du nur in Dir. Wo willst Du im kommenden Jahr tanzen, singen und springen? Ganz gleich wie das Außen sein wird! Denn Du bist nur eine Entscheidung von Deinem Glück, das aus Dir selbst entspringt, entfernt.

Denkanstöße für den Tag

- Wie steht es mit Deiner Intuition?
- Lebst Du nach deiner Intuition oder verlässt Du Dich hauptsächlich auf Dein Wissen und Deinen Verstand?
- Spürst Du intuitiv, was für Dich richtig ist?
- Wie hat sich Deine Intuition in den letzten Jahren entwickelt?

- Wann hat sie Dich vor Fehlern geschützt?
- Wo kannst Du Dich wieder mehr auf Dein Gefühl verlagern?
- In welchen Bereichen musst Du aufräumen und Dinge der Realität anpassen und Dich mehr auf Deine Intuition verlassen?

Wenn du noch tiefer gehen möchtest

- Wo sehnst Du Dich nach mehr Klarheit?
- Bist Du bereit Klarheit und Ordnung in Dein Leben zu bringen?
- Wie passen Deine Ideale und Wunschträume zusammen?
- Wie kommst Du mit Nicht-Wissen zurecht? Hältst Du das aus?
- Wie lebst Du Deinen Alltag in Bezug auf Deine Werte?

Gedanken zum Tag & der Tagesqualität

_____

_____

_____

_____

_____

Foto 22
Nimm bewusst wahr, was ist. Blicke dahinter!

Drückt sich Fühlen in Deinem Sein aus? Wie wirken Deine Gedanken, Deine Worte und Deine Taten zusammen? Was ist die letzte Instanz bei

Deinen Entscheidungen? Bei vielen Menschen regieren der Kopf und der Verstand. Wir leben in einer wissenschaftlich begründeten Welt und haben in den vergangenen Jahrhunderten damit unserem Verstand immer mehr die Führung überlassen.

Damit verdrängten wir die Gefühle, die Intuition, das Bauchgefühl, die Herzensentscheidungen und auch die Spiritualität immer mehr ins Abseits, degradierten sie geradezu. Uns selbst schnitten wir damit immer mehr von unserer wahren Natur ab und einem Leben, das uns glücklich macht und erfüllt, indem wir nur mehr mit dem Verstand entschieden.

In diesen besonderen Zeiten gilt es nun, das Gefühl als wichtigsten Wegweiser zu unserem glücklichen Leben, wieder zu entdecken. Dazu gehören auch das Mitgefühl, das Einfühlungsvermögen, die Empathie für unsere Mitmenschen und vor allem aber auch für uns selbst. Mehr zu diesem Thema findest Du in meinem zweiten Buch »Du bist die neue Welt«.

Erst wenn wir unsere eigenen Bedürfnisse kennen, auf sie hören und uns gut versorgen, brauchen wir auch nicht mehr hart und unbarmherzig mit anderen zu sein. Wenn wir gut zu uns selbst sind, dann können wir uns auch gütig zu anderen verhalten.

Denn erst, was Du in Dir selbst für Dich gefunden hast, kannst Du an andere geben. Das Thema hatten wir gestern bereits mit der Fülle angeschnitten. Erst wenn Du Dich und Deine Bedürfnisse fühlen und wahrnehmen kannst, bist Du offen und auch in der Lage anderen das zu geben, was notwendig ist. Dann kannst Du auch Mitgefühl für andere empfinden und erkennen, dass weder Krieg, Unfrieden, noch Rechthaberei jemals etwas verändert haben. Dann erkennst Du, dass Öl ins Feuer gießen, niemals ein Feuer löschen wird. Dann erkennst Du, dass Dein Gesprächspartner auch ein Mensch ist und genauso bedürftig, wie Du. Er aus seiner Perspektive ebenso denkt, das Richtige zu tun – wie Du!

Dann kannst Du den anderen in Frieden einfach sein lassen, so wie er ist. Und erkennen, dass jeder Mensch nur für sich selbst verantwortlich ist. Und es ist darum auch nur seine Aufgabe, sich selbst kennenzulernen und sich dann das zu geben, was er braucht. Um dann aus der gefüllten und genährten Position zu handeln – und alles wird sich verändern. Lass Dich doch einfach heute ein auf ein solches Gedankenspiel. Kannst Du Dir das vorstellen? Imagine! – Ich schon:

Imagine there's no heaven
It's easy if you try
No hell below us
Above us, only sky
Imagine all the people
Livin' for today
Ah
Imagine there's no countries
It isn't hard to do
Nothing to kill or die for
And no religion, too
Imagine all the people
Livin' life in peace
You
You may say I'm a dreamer
But I'm not the only one
I hope someday you'll join us
And the world will be as one
Imagine no possessions
I wonder if you can
No need for greed or hunger
A brotherhood of man
Imagine all the people
Sharing all the world
You
You may say I'm a dreamer
But I'm not the only one
I hope someday you'll join us
And the world will live as one.[18]

John Lennon

---

[18] https://www.songtexte.com/songtext/john-lennon/imagine-7bde0e90.html - aufgerufen am 10.03.2023

So mache Dich also heute auf die Spurensuche Deiner Gefühle und stärke Deine Intuition: Denn es geht darum, Deine Intuition, deine innere Stimme, die sicher weiß, was für Dich und eine Situation die richtige Lösung ist wieder zu hören. Jeder Mensch trägt diese weise Stimme in sich. Sie ist sehr leise und muss regelmäßig geschult werden, damit Du sie wahr- und vor allem ernstnehmen kannst.

Dazu empfehle ich dir eine kleine Übung, um herauszufinden, wie Du Dich am besten und einfachsten mit Deiner Intuition verbindest. Ich schlage Dir hier ein paar Methoden vor. Wähle die Methode für Dich, die Dich als erstes angesprochen hat oder eine andere, die Dir in den Sinn kommt.

- **Intuitives Malen** – Dazu brauchst Du ein großes Blatt Papier und Buntstifte.
- **Intuitives Schreiben** – Besorge Dir ein paar Blätter und einen Stift in Deiner Lieblingsfarbe.
- **Intuitives Reden** – Du brauchst ein Handy mit Sprachmemo- oder Videofunktion, das Dein Reden aufnimmt.
- **Intuitives Tanzen** – Du benötigst Deine Handykamera, die Dich filmt.

Vorgehen

Nimm Dir mindestens 10 bis 15 Minuten ungestörte Zeit für Dich.

Stelle Dir eine aktuelle sehr konkrete Frage in Bezug auf das kommende Jahr, für die Du noch keine Antwort hast, beispielsweise:

- Was steht für mich im kommenden Jahr an Veränderungen an? oder
- Soll ich kommendes Jahr xy angehen? oder
- Was braucht es, damit ich kommendes Jahr mit meinem Herzensprojekt XY so richtig durchstarte?

Nun stelle Dir diese Frage laut und gehe in den Prozess des Malens, Schreibens, Redens oder Tanzens – ganz nach Deiner Vorliebe oder Deiner Tagesverfassung.

Bei diesem Prozess, ganz gleich welche Ausdrucksweise du dazu wählst, ist es abermals wichtig, dass Du in eine Art Flow kommst, in dem Du, ohne auf den inneren Bewerter zu hören oder Dich von ihm einschränken zu lassen, einfach malst, schreibst, redest oder tanzt … Oft braucht es ein paar Minuten, bis Dein innerer Bewerter still wird und Du wirklich reinkommst. Bleib einfach dran, es lohnt sich!

Falls es Dir schwerfällt, Deinen Verstand zu beruhigen, dann nimm Dir doch nochmal die Meditation aus der Vorbereitung vor. Erhöhe damit Deine Schwingung und wenn Du aus der Meditation zurückkommst, dann beginne direkt mit diesem Prozess und schließe ihn an. Oder nutze eine sogenannte »Trommelreise« dazu, Dich von Deinem Verstand zu lösen – unter diesem Begriff findest Du viele kostenlose Möglichkeiten im Netz.

Bleibe dann so lange bei diesem intuitiven Prozess, bis Dein Timer klingelt. Im Anschluss erst reflektiere dazu, was gerade geschehen oder entstanden ist.

Du kannst natürlich auch die Zeit noch ausdehnen, um an noch tiefere, unbewusste Schichten in Dir zu gelangen. Denn es geht bei dieser Übung darum, an Informationen und Ergebnisse zu kommen, die nicht Deinem Verstand entstammen und trotzdem aus Deinem System.

Wie war Deine Erfahrung? Welche Erkenntnisse hattest Du.

_____

_____

_____

_____

_____

_____

_____

> Wenn der Weg vor Dir klar ist,
> dann bist Du wahrscheinlich
> auf dem Weg eines Anderen.[19]
>
> Carl Gustav Jung

Möchtest Du Deine Erfahrungen teilen? Suche Dir doch Gleichgesinnte, einen Kreis, Austausch oder Supervision … Damit unterstützt Du ganz solide Dein persönliches Wachstum. Ich kann Dir von mir berichten, dass nichts mich hat mehr wachsen lassen, als die Heilerinnen meiner Supervisionsgruppe, mit denen ich mittlerweile seit über 10 Jahren gehe. Wähle diesen Kreis mit Bedacht, leben die Menschen auch die Werte für die Du stehst oder über die sie sprechen?

Und denke daran, ganz gleich, wo Du gerade stehst und welche Frage Du gerade für das kommende Jahr hast, Deine innere Stimme kannst Du immer befragen. Je öfters Du die Verbindung zu ihr trainierst, desto schneller und leichter bekommst Du auf Deine eigene Weise eine Antwort! Du kannst die Antwort fühlen. Denn Deine Gefühle sind der Schlüssel zu Deiner Intuition und Deiner Kreativität und Deinem erfüllten Leben.

Foto 23
Übe die Verbindung zu Deiner inneren Stimme und zu Dir.

---

[19] https://dieter-jenz.de/lc/wenn-der-weg-vor-dir-klar-ist-jung/ - aufgerufen am 10.03.2023

*Titelblatt 13 – Bringe die Ernte ein.
Ehre und schätze das Geschenk Deines Lebens.*

Glück oder Pech?

Eine chinesische Geschichte erzählt von einem alten Bauern, der ein altes Pferd für die Feldarbeit hatte. Eines Tages entfloh das Pferd in die Berge, und als alle Nachbarn des Bauern sein Pech bedauerten, antwortete der Bauer: »Pech? Glück? Wer weiß?«

Eine Woche später kehrte das Pferd mit einer Herde Wildpferde aus den Bergen zurück, und diesmal gratulierten die Nachbarn dem Bauern wegen seines Glücks. Seine Antwort hieß: »Glück? Pech? Wer weiß?«

Als der Sohn des Bauern versuchte, eines der Wildpferde zu zähmen, fiel er vom Rücken des Pferdes und brach sich ein Bein. Jeder hielt das für ein großes Pech. Nicht jedoch der Bauer, der nur sagte: »Pech? Glück? Wer weiß?«

Ein paar Wochen später marschierte die Armee ins Dorf und zog jeden tauglichen jungen Mann ein, den sie finden konnte. Als sie den Bauernsohn mit seinem gebrochenen Bein sahen, ließen sie ihn zurück. War das nun Glück? Pech? Wer weiß?

Was an der Oberfläche wie etwas Schlechtes, Nachteiliges aussieht, kann sich bald als etwas Gutes herausstellen. Und alles, was an der Oberfläche gut erscheint, kann in Wirklichkeit etwas Böses sein. Wir sind dann weise, wenn wir Gott die Entscheidung überlassen, was Glück und was Unglück ist; wenn wir ihm danken, dass für jene, die ihn lieben, alles zum Besten gedeiht.[20]

Verfasser unbekannt

---

[20] http://www.koschis-web.de/nachdenkliches/glueck-oder-pech.html - aufgerufen am 16.12.2022

10. Rauhnacht – DANKEN

Die zehnte Rauhnacht entspricht der Energie und der Qualität des Monats Oktober im kommenden Jahr.

Ich hatte kürzlich ein sehr spannendes Erlebnis zum Thema Danken. Ich fuhr auf der Bundesstraße und plötzlich nahm ich wahr, dass vor mir alle Autos bremsten. Ich bremste auch, dann zog mich meine Aufmerksamkeit unmittelbar zum Rückspiegel und ich beobachtete, wie ein Mini von hinten angerast kam. Er bremste nicht. Immer noch nicht! Oh – jetzt wird es knapp! Ok, nun kann er mit Sicherheit nicht mehr bremsen! Und ich bereitete mich innerlich bereits auf den unvermeidbaren Aufprall vor und zog den Kopf ein. Dann hörte ich lautes Hupen und plötzlich befand sich das Fahrzeug, das von hinten ohne Bremsen auf mich zugerast gekommen war, neben mir. Ich war in einer leisen Vorahnung ganz links auf meiner Spur gefahren, die Autos auf der zweiten Spur ganz rechts – also eine vorbildliche Rettungsgasse. So war in der Mitte ein Raum zwischen uns freigeworden, den der Fahrer für sich und sein Auto genutzt hatte. Der scheinbar nicht mehr abzuwendende Unfall hatte dadurch nicht stattgefunden. Was für ein Glück!

Jetzt wurde es mir heiß und kalt gleichzeitig und ich hatte einen nachträglichen Schweißausbruch am ganzen Körper. Unwillkürlich füllte sich mein Herz mit einer unglaublich tiefen Dankbarkeit und mir stiegen Tränen in die Augen. Wow, das war knapp gewesen! Mit einem Mal fühlte ich mich soooo glücklich, wie ich es mich Jahre nicht mehr gefühlt hatte. Ich hatte also die Erfahrung eines Unfalls nicht zu machen brauchen! Tiefe Dankbarkeit erfüllte mein ganzes Herz und strahlte von dort in meinen kompletten Körper. Ich konnte es überall fühlen.

Wie lange habe ich nicht mehr eine soooo tiefe Dankbarkeit gespürt. Ich konnte in diesem Moment erkennen, dass ein echtes, tiefes Gefühl und wahrhaft empfundene Dankbarkeit so weitreichende Auswirkungen hat. Das ist ganz anders, als sich Dank lediglich zu denken! Diese wahrhaft erlebte Dankbarkeit kann ich nun wieder in mir wachrufen, in dem ich an diesen Vorfall denke – und sie von dort aus in andere Bereiche meines Lebens ausbreiten.

Ich kann so die wahrhaft empfundene Dankbarkeit ausweiten in Bereiche, wo ich sie bislang noch nicht so fühlen konnte. Verstehst Du, was ich meine? Wo hast Du diese Dankbarkeit schon einmal wirklich erfahren und gelingt es Dir diese von dort aus in andere Bereiche deines Lebens auszubreiten?

Denkanstöße für den Tag

- Wofür bist Du dankbar im Außen (z.B. Familie, Job, Finanzen, Gesundheit, …)
- Und für welche Fähigkeiten in Dir bist Du dankbar (z.B. Kreativität, Empathie, Intuition, …)
- Kannst Du Dir selbst danken und Dich wertschätzen?
- Erkennst Du die Früchte, die aus Deinen Samen gewachsen sind?

Wenn du noch tiefer gehen möchtest

- Was schwächt Dich?
- Was kannst Du verändern, dass das, was Du tust, Dich nicht mehr schwächt?
- Was nährt Dich?

Gedanken zum Tag & der Tagesqualität

_____

_____

_____

_____

Übrigens: Einen Grund dankbar zu sein, kannst Du immer finden. Es gibt tausend Gründe und Möglichkeiten dafür. Oft ist jedoch unser Fokus oder unser Anspruch darauf ausgerichtet, was wir alles noch nicht erreicht haben, so dass wir ganz vergessen haben, dass es so viel gibt, wofür wir wirklich dankbar sein dürfen.

Wir wachen jeden Tag auf. Sind mit unseren Liebsten. Haben ein Dach über dem Kopf, ein Bett und etwas zu essen … Wofür kannst Du heute wirklich dankbar sein. Gibt es große oder kleine Dinge? Was nimmst Du für Selbstverständlich? Allein die vergangenen Jahre der Veränderungen haben mich diesen Aspekt der Dankbarkeit in den kleinen Dingen wieder neu gelehrt.

Und dann gehe noch einen Schritt weiter. Was gefällt Dir? Was tut Dir wohl? Was und wie kannst Du das größer werden lassen? Wann hast Du wahrhafte Dankbarkeit erlebt und wie und wohin kannst Du diese ausbreiten und wachsen lassen. Gibt es hier etwas zu tun? Schaffe Ausgleich, Balance, Harmonie in Deinem Leben, indem Du Dankbarkeit kultivierst.

Denn es gilt nun im Herbst, die Früchte wertzuschätzen, die aus Deinen zuvor gesäten Samen gewachsen sind, sie zu betrachten und zu erkennen. Es ist die Zeit der Ernte. Denn genau aus diesem Grund feiern wir im Oktober auch den Erntedank, für die Früchte auf unseren Feldern und im übertragenen Sinne auch in unseren Leben.

Foto 24
Wie drückst Du heute Deine Dankbarkeit aus?

Dankbarkeit für Deine Ahnen

Entzünde ein Licht für Deine Ahnen und danke ihnen für Dein Sein. Nur durch ihr Sein, bist Du heute hier. Sie haben Dir mit ihren Erfahrungen den Weg geebnet. Sie sind die positiven Wurzeln Deines Seins. Rein körperlich und auch energetisch gesehen.

Alles was in Deiner weltlichen Ahnenlinie an schlechten Gefühlen, Erlebnissen oder Emotionen hängt und sich bei Dir zeigt, darf nun mit dem Rauch des Feuers aufsteigen und sich auflösen.

Entzünde doch also heute für Deine Ahnen eine Kerze oder ein Feuer und stelle ihnen eine kleine Gabe hin. Das können Blumen sein, Kekse oder was Dir sonst so einfällt. Und wenn Du bereits einen Zugang dazu hast, beziehe doch auch Deine spirituellen Ahnen mit in Dein kleines Ritual mit ein.

Besonders in der Zeit der Rauhnächte besteht die Möglichkeit einfacher, mit Verstorbenen Kontakt aufzunehmen. Denn in dieser Zeit sind die Schleier in die Anderswelten durchlässiger. Sei Dir gewiss, Deine Ahnen wissen, wenn Du sie ehrst und Verbindung mit ihnen suchst.

Manchmal gelingt es auch Botschaften von Ihnen zu empfangen. Der Segen Deiner Ahnen beschenkt Dich mit Kraft und Energie für Deinen Weg. Jeder Mensch steht systemisch gesehen mit seinen Ahnen in einer engen Verbindung. Auch wenn Du sie vielleicht nicht kennst, oder Du vielleicht auch nicht gut auf sie zu sprechen bist oder das nicht möchtest: Du stehst in Deiner Ahnenlinie!

Bei vielen Menschen ist jedoch dieser gesunde Energiefluss in der Familie gestört, so dass Du das auch in Deinem Leben bemerken kannst. Dann scheinen Projekte nicht so recht zu gelingen, es herrscht Unfrieden oder Krankheit, Du fühlst Dich ruhelos oder nicht verwurzelt ... um nur einige der möglichen Auswirkungen zu nennen. Wenn Du jedoch Deinen Ahnen heute und regelmäßig dankst, so kannst Du besser in dem Energiefluss Deiner Familie ankommen und wirst bemerken, wie Dich die Familienenergie bei Deinen Projekten und in Deinem Leben beginnt besser zu tragen.

Möglicherweise ist Dein Leben gerade so ganz anders, als Du Dir es Dir ausgemalt oder vorstellt hast? Wenn man gerade so richtig drinsteckt in den Herausforderungen des eigenen Lebens, fällt es manchmal schwer, ausgerechnet dafür auch noch Dankbarkeit zu empfinden.

Jedoch, erinnere Dich immer: Das Leben ist für, nicht gegen Dich! Alles dient der Entwicklung Deiner Seele und Deines Bewusstseins. Nur kann man das oft aus der menschlichen Perspektive in einer schwierigen Situation nicht so einfach erkennen.

Gerne möchte ich Dir heute dazu den Film »Bo und der Weihnachtsstern« empfehlen. Er handelt von einem kleinen Esel, der davon träumt, einen König zu tragen. Zunächst geht so ziemlich alles schief und schließlich landet er doch genau bei seiner Bestimmung. Die jedoch ganz anders ist, als er sie sich ausgemalt hatte.

Er musste nichts Besonderes dafür tun, denn er landet sowieso dort, wofür er vorgesehen war, bei seiner Bestimmung! Zugegeben, eine Bilderbuchgeschichte. Ja, wenn es nicht um wirklich schwerwiegende Probleme im Leben geht, kann man dieses Vertrauen leichter finden. Und doch geht es genau darum, den höheren Sinn und die Möglichkeit zum Wachstum darin zu erkennen, was gerade geschieht.

So empfehle ich Dir, diese Einstellung und Herangehensweise mit der Dankbarkeit in guten Zeiten zu üben, um sie dann als eine bereits sichere innere Haltung auch bei Herausforderungen anwenden zu können. Das macht das Leben auf jeden Fall leichter. Überlege doch heute, welche Auswirkung diese Erkenntnis für Dein Leben haben kann.

Um bei der Weihnachtsgeschichte zu bleiben, eine Frage, die ich mir immer wieder stelle: Wie hat sich Maria wohl damals gefühlt, als sie Gottes Sohn gebären durfte? Konnte sie es wirklich als ein »Dürfen« empfinden oder als eine Last oder eine Strafe oder eine Prüfung? Es war ja dann rein faktisch eine uneheliche Empfängnis. Jedoch, es war ihre Lebensaufgabe, ihre persönliche Herausforderung.

Und vermutlich wurde sie nicht gefragt, ob sie diese annehmen möchte – so wie Du gerade zu den Herausforderungen Deines Lebens auch nicht befragt wurdest. Wir wissen zwar alle, dass auf einer höheren Ebene, unsere Seele sich diesen Weg ausgewählt hat und zugestimmt hat. Wenn wir dann jedoch Mensch sind, wissen wir davon nichts mehr bewusst und es ist schwierig, sich auf diese höhere Ebene einzulassen.

Kennst Du das Lied »Mary did you know?«, ich liebe diesen Song. Es schwingt genau dieser Aspekt für mich dabei mit, dass niemand sein Schicksal kennt und gleichzeitig jeder auf seine Weise das Göttliche durch sich hindurch in dieses Leben gebiert ...

Ja, irgendwie erscheint das, wie eine Ungeheuerlichkeit und gleichzeitig ist es doch genau das, was unsere Bestimmung ist. Dein Weg, Dein einzigartiger Weg, Deine einzigartigen Gaben, Dein Traum – kommen durch Dich in diese Welt – das ist die Lebensaufgabe, nach der Du so lange gesucht hast und vielleicht immer noch suchst.

Das, was Du lernst in Deinem Leben, so wie Du persönlich reifst, so wie Du über Dich hinauswächst, das ist Dein Beitrag für diese Zeit. In dem Du Dein Leben lebst und Dich den Herausforderungen darin stellst und damit auch den Herausforderungen in der Welt, bist Du auf Deinem Seelenpfad und lebst Deine Lebensaufgabe. Du bist die Veränderung! Du bist das Neue.

Wie geht es Dir damit? Was sind Deine Gedanken?

_____

_____

_____

_____

_____

_____

_____

_____

_____

_____

_____

_____

Erinnerungen an Dankbarkeit

Stelle Dir vor, Du erhältst in regelmäßigen Abständen eine Erinnerung der Dankbarkeit von Dir selbst. Wäre das nicht toll? Genau das ist die heutige Aufgabe. Schreibe Dir kleine Erinnerungen in Deinen Jahreskalender oder in den Kalender Deines Smartphones und lasse Dich regelmäßig an Deine eigene Dankbarkeit für Dich erinnern.

12 Erinnerungen – in jedem Monat eine – sollten es schon mindestens sein. Vielleicht hast Du aber auch Lust Dir mehr davon zu schenken. Im Jahreskalender kannst Du bunte Post-its nehmen, diese beschriften und in den Kalender kleben (die kannst Du ja dann einfach zu einem späteren Termin wieder einkleben). Oder wenn Du es lieber elektronisch hast, dann schreibe Dir Erinnerungen, die automatisch aufpoppen.

Ein schönes Ritual für den Alltag ist es auch, sich jeden Abend in Dankbarkeit an die schönen Momente des Tages zu erinnern. Wenn es Dir gelingt, diese Dankbarkeit in Deinem Leben fest zu verankern, wird sich Deine Zufriedenheit und Lebensgefühl deutlich zum Positiven verändern. Wenn Du erkennst, was Dich besonders macht und dass Du ganz besondere Fähigkeiten mitbringst, ist das ein großer Schritt. Eine kleine Veränderung in Deinem Inneren, bedeutet eine große Veränderung im Außen. Denn wie heißt es so schön:

> Wenn Du Dich veränderst,
> verändert sich alles für Dich.[21]
>
> Jim Rohn

Du hast das alles mit der Dankbarkeit schon vom Kopf her begriffen, kannst sie jedoch nicht fühlen, diese Dankbarkeit? Dann sei beruhigt, das geht ganz vielen Menschen so. Und es gibt einen recht einfachen Trick dafür – tue so lange so, als ob, bis Du es fühlen kannst. (Fake it, till you make it.) Denn was in die eine Richtung funktioniert, also von innen nach außen funktioniert, funktioniert auch andersherum, von außen nach innen. Irgendwann wirst Du es fühlen können. Bleibe also dran und halte durch und übe, in der Gewissheit, dass es so sein wird.

---

[21] https://karrierebibel.de/veraenderung-sprueche/ - aufgerufen am 10.03.2023

Wie wäre es, wenn Du Dir dafür eine tägliche Dankbarkeitsroutine erschaffst? Am besten, Du notierst direkt, wie und wann Du diese in Deinen Alltag einbauen wirst. So konkret wie möglich, mit Datum und Uhrzeit. Was sind Deine Beobachtungen, was Deine Herausforderungen damit?

Meine erste Dankbarkeitsübung: um ... : ... Uhr, am .... 20...

_____

_____

_____

_____

_____

_____

Heute bin ich dankbar, wenn Du ein paar Deiner Erfahrungen zur Dankbarkeit mit uns teilst. Wenn Du aber nicht möchtest, bin ich dankbar dafür, dass es Dich gibt und, dass wir auf diese schöne und intensive Weise miteinander verbunden sind!

*Foto 25
Dankbar für die Geschenke von Mutter Erde und Deine Herkunft.*

Titelblatt 14 – Lass los, was Dich noch hält!

Schönes Herz

Du brauchst nicht länger Schmerzen leiden,
Heilung kommt zu Dir ganz leicht.
Jahrhunderte von tiefen Schmerzen
füllen sich mit Liebe auf.
Schönes Herz,
schönes Herz,
kehrt Frieden ein.
Hier und jetzt,
warm und weich,
geborgen sein.

Bestimmt kennst Du diese Szene und das Lied aus dem Film Dschungelbuch, als Mogli von dem Gesang des Mädchens am Fluss magisch angezogen wird und sich entschließt zu den Menschen zu gehen. Für mich steht seit vielen Jahren fest, dass dafür eine alte, existierende Heilmelodie für diesen Film zweckentfremdet wurde.

In einer Heilsitzung kam dann dieser Text zu mir und seither darf ich die Melodie wieder zur Heilarbeit des Herzens nutzen. Vielleicht hast Du die Melodie auch schon in einer meiner Meditationen auf Youtube entdeckt?

Und da die Herzen der Menschen, unsere Herzen, alle so viel Schmerz und Verletzung erfahren haben, teile ich heute Melodie und Text mit Dir. Du kannst sie für Dich zur Heilung und die tiefe Einkehr in Dich singen und damit schwingen.

11. Rauhnacht – LOSLASSEN

Die elfte Rauhnacht entspricht der Energie des Monats November im kommenden Jahr.

Denkanstöße für den Tag

- Wie gut kannst Du loslassen. Bei was fällt es Dir leichter, bei was schwerer?
- Wo kannst Du NEIN sagen und was hindert Dich manchmal daran, NEIN zu sagen?
- In welcher Hinsicht könntest Du Dein Leben leichter machen?
- Wo kannst Du Zwänge abstreifen?
- Wo sind Kompromisse nur Zusagen an andere, für Dich aber eine Belastung?
- Gibt es Aspekte, wo Du toleranter sein solltest?

Wenn du noch tiefer gehen möchtest

- Welches sind Deine Ängste in Zusammenhang mit Veränderung und Wandel in Deinem Leben?
- Wo steckt die Macht der Gewohnheit, die dich hindert?
- Wo stecken Kräfte, Wünsche, Ängste, Energien tief in Dir verborgen?
- Was verheimlichst Du sogar vor Dir selbst?

Gedanken zum Tag & der Tagesqualität

Befasse Dich heute mit der Vergänglichkeit des Seins, mit Leben und Tod, Anfang und Sein, Wandel und Wiedergeburt. Denn auch diesen Aspekt beinhaltet das heutige Thema »Loslassen«. Denn jedes Ende ist auch die Möglichkeit zu einem Neubeginn. Heute gilt es, Altes loszulassen, damit das Neue entstehen kann.

> Was geschehen muss, wird geschehen.
> Du bist geführt, geschützt und gesegnet.
> Frieden. Kraft und Herrlichkeit.
> Liebe ist überall!

Inspiration zum Loslassen

Es gibt so viel mehr, als wir sehen können. Gerade diese besonderen Zeiten lehren uns, dass wir nichts kontrollieren und vorherbestimmen können. Je mehr wir es versuchen, desto weniger gelingt es. Wir sind in diesem Moment jetzt gefordert, alle vermeintlichen Sicherheiten und wie das Leben bislang funktionierte, komplett loszulassen. Denn es gibt in der Menschheitsgeschichte keine vergleichbaren Ereignisse.

Es gibt also keinerlei Referenzpunkte, auf die Du Dich oder ich mich oder wir uns geschichtlich gerade beziehen könnten. Folglich bewegen wir uns in der Gemeinschaft und auch jeder einzelne für sich auf komplettem Neuland. Niemand ist deshalb auch in der Lage, vorherzusagen, was weiter geschehen wird. Nun kannst Du Dich an das Bekannte klammern und verzweifelt versuchen, das Alte wieder herzustellen.

Doch so wie Du niemals zweimal in den gleichen Fluss steigen kannst, so ist das alte Leben vergangen und wird nicht wiederkehren. Wenn Du jedoch mit dem Strom schwimmst, wirst Du Dich leichter tun, Dich auf das neue Unbekannte und die Veränderung einlassen. Dazu darfst Du loslassen, vertrauen und daran glauben, dass auch in diesem Neuen, noch Unbekannten, ein Segen liegt – für Dich und für alle. Es ist gewollt, dass wir keine konkreten Informationen über die Zukunft erhalten. Denn wenn wir bereits etwas darüber wüssten, so würden wir in uns möglicherweise nicht, den dazu notwendigen Bewusstseins- oder Wachstumsschritt tun. Einzig die absolute Gewissheit in unseren Herzen, dass es gelingen wird und die Zukunft so viel schöner sein wird, als wir es uns je erträumen konnten, erscheint mir aktuell dazu valide.

Wir alle haben eine dunkle Seite in uns, Angst, Trauer, Schmerz, … und vieles mehr schaffen sich in diesen Zeiten an die Oberfläche. Jedes einzelne unerlöste Thema möchte nun noch gesehen und angenommen werden. Je eher Du erkennst, dass Du einfach loslassen und hineinspringen kannst, um es zu heilen, desto leichter wird es Dir damit ergehen.

Und ebenso, wie wir das Alte loslassen lernen dürfen, so dürfen wir auch die beständige Erwartung auf das Neue loslassen. Denn diese Erwartungshaltung auf ein mögliches Ereignis, eine Katastrophe oder was auch immer, in den Kanälen oder von den Medien vorhergesagt wird, hält uns in einem kontinuierlichen Ausnahmezustand der Erregung. Das kann auf Dauer weder gesund sein, noch ist es förderlich, da es uns im Spiel der weltlichen, äußeren Dramen hält und uns von unserem Wachstum im Inneren ablenkt.

Also lass auch diese Erwartungen los! Das, was irgendjemand sagt, was passieren muss oder wird! Lass auch Deine eigene Meinung darüber los, was Dein Verstand Dir über die Zukunft erzählen will, die gesellschaftliche und die in Deinem Leben. Denn, auch wenn Du glaubst, Du könntest irgendetwas zukünftiges entscheiden oder wirklich beeinflussen. Erkenne, dass Du in Wahrheit nichts unter Kontrolle hast.

Kotz es einfach aus und lass los!!!

Die Eule kann das, was für sie unverdaulich ist, als Gewöll oder Speiballen einfach wieder auswürgen. Wir schlucken viel. Seit der Kindheit. Nahrung, Traumata, Verletzungen, Nachrichten, Konsum, Erlebnisse, Emotionen … vieles davon ist für unser System unverdaulich – doch wir würgen es nicht wieder aus uns heraus – ganz anders als die Eule. Wir sammeln alles in uns an und das führt auf Dauer zu einer Überdosis und schließlich zu Drama, Krisen, Konflikten, Krankheit in unseren Leben.

Dieser angesammelte Ballast treibt dann in uns sein Schattendasein und lässt uns ein Leben weit unter unseren Möglichkeiten führen. Unbewusst und aus der Position des verletzten inneren Kindes finden wir uns in Situationen wieder, in denen unser Leben uns die immer gleichen aufgestauten Gefühlszustände wiederholt. Emotionales, unbewusstes Chaos.

Nervig. Und ohne Aussicht auf Veränderung!!! In der Wiederholungsschleife von täglich grüßt das Murmeltier ...

Doch wusstest Du, dass auch Du Deinen alten Emotionsschleim wieder loswerden kannst? Du kannst Dich wirklich davon befreien, fast wie die Eule ... jedoch ist dieses Wissen wenig verbreitet und die Methoden wenig bekannt. Und Du musst wirklich wollen und Dich bewegen! Dann bist Du endlich frei, Dir das beste Leben zu erschaffen, das Du Dir wünschen kannst! Ein Leben in Gesundheit auf allen Ebenen, Freude und Leichtigkeit. Heute ist ein guter Tag, um noch einmal genau all das loszulassen, was Dich in Deinem Leben noch festhält, Dich belastet oder hindert.

Du kannst Dich heute insbesondere dazu auch von der Natur inspirieren lassen, gehe hinaus und spüre Dich und die Natur. Nimm ganz bewusst wahr, wie weise die Natur mit dem Loslassen umgeht. Jeden November aus Neue. Ohne Bedauern, ohne Zögern, wenn die Zeit gekommen ist, lässt sie einfach los in der Gewissheit, des ewig wiederkehrenden Lebens. Findest Du hier ein Geschenk für dich, das dich im kommenden Jahr kraftgebend begleitet? Eine Feder, ein Schneckenhaus, ein Ästchen, ein Stein, ...

> Du bist genau dort,
> wo Du jetzt gerade sein sollst.
> Mit genau den richtigen
> Menschen, Situationen und Aufgaben ...

Foto 26
Räume auf und schaffe so Platz für Neues.

Erst wenn es Dir gelingt, dich zu befreien von einem von Dir gewünschten und fixierten Ergebnis in der Zukunft und von der Vergangenheit, Du also wirklich und ganz loslässt, bist Du offen für das, was für Dich vorgesehen ist. Denn es gibt einen höheren, göttlichen Plan hinter all dem, den wir jedoch nicht kennen. Und dazu ist es gleich, welchem Glauben oder Religion Du nachgehst.

Die Gewissheit, dass Dein Leben einen Sinn macht und es eine höhere Instanz gibt, unabhängig davon wie Du sie nennen magst, kann in Dir in herausfordernden Zeiten eine Zuflucht geben, dazu möchte ich Dir Mut machen.

Wenn es Dir also gelingt in Demut jeden einzelnen Moment und Schritt zu gehen, wirst Du die Chancen, Möglichkeiten und Geschenke für Dich erkennen und annehmen können. Dein Herz kennt den Weg! Lasse Deine Vorstellungen davon los, wie Dein Weg auszusehen hat und Du wirst dort, wo Du bist, immer richtig sein!

Eine schöne Übung dafür ist ein Medicinewalk

Du gehst los mit Deiner inneren Absicht und einem Fokus eine Antwort auf eine konkrete Frage für das kommende Jahr zu erhalten. Dann folgst Du auf dem Weg Deinen inneren Impulsen und lässt alles los, was Du Dir an Ergebnissen erhoffst oder gerne erzielen würdest. Öffne Dich für alle Möglichkeiten. Empfange völlig frei.

Dazu Du richtest Dich mit dem Herzen aus. Für diese Übung sind Dein Herz und Deine innere Stimme Deine Landkarte und Dein Kompass. Gehe soweit und bis an einen Platz, wo Du das Gefühl hast, hier ist es richtig. Dann wirst Du auch ein inneres »Ja« erhalten. Verweile nun hier eine Weile in innerer Ruhe oder Meditation und lausche. Wenn Du das Gefühl hast, dass es nun Zeit ist, dann gehe zurück und schreibe und sinniere über die Dinge, die Dir auf dem Weg begegnet sind in Dein Rauhnachtsbuch.

Was kann das Erlebte für Deine Antwort aus einer höheren Perspektive bedeuten?

_____

_____

_____

_____

_____

_____

_____

_____

Foto 27
Lasse Erwartungen hinter Dir, alles hat einen Grund.

Ich freue mich auf Deinen Weg und Deine Geschenke aus der Natur, die Du vielleicht auf Deinem Rauhnachtsplatz oder Deinem Altar platzierst … – Oder ich lasse jetzt einfach ganz los, welchem Impuls Du aus dem heutigen Tag für Dich als besonders wertvoll mitnimmst.

Titelblatt 15 – Wenn Dein Herz weiß, gibt es keine Zweifel mehr.

Vater Mutter unser -
in mir, in Dir Überall.
Deine Präsenz ist uns heilig.
Sie lässt die Saiten Deines klangvollen Lichts in unseren Herzen erklingen.
Mögen wir Deine Weisheit
intuitiv in uns spüren.
Mögen wir Deinen liebenden Willen
auf als den unseren erkennen.
Dank Seiner bedingungslosen Liebe
können wir uns verzeihen unsere Uneinsichtigkeiten
und loslassen die Verstrickungen mit Anderen.

Du mögest uns führen in unserer Verwirrungen, damit wir wieder finden zu uns selbst.

Du bist die Liebe, die in uns lebt,
Das Licht, das in uns leuchtet.
In der Einheit mit Dir erleben wir den Himmel in uns und schöpfen neuen Mut zu kraftvollem Handeln – heute ...
morgen ... und immerdar.

In Liebe und Freundschaft zu Dir
Amin[22]

Aus dem Aramäischen
in Liebe in unsere Zeit übersetzt von Werner Gehner & Maria Kaplan

---

[22] https://www.gehner-seminare.de/pdf/DEUTSCH_Vater_Mutter_Unser.pdf - aufgerufen am 23.02.2023

12. Rauhnacht – WISSEN

Die zwölfte Rauhnacht entspricht der Qualität und der Energie des Monats Dezember im kommenden Jahr.

Denkanstöße für den Tag
- Wie steht es mit Deiner Weisheit?
- Hast Du das Gefühl gut mit ihr verbunden zu sein?
- Ist Dir bewusst, dass nur in der Frage die Antwort liegt?
- Stellst Du Dir die großen oder die kleinen Fragen des Lebens?
- Was sind für Dich die großen Fragen?
- Und welche kleinen Fragen halten Dich von den großen ab?

Wenn du noch tiefer gehen möchtest
- Wodurch erweiterst Du Deinen Horizont?
- Wie sehr investierst Du Deine Zeit und Energie in die Verwirklichung Deiner Ideale?
- Welche Ideen wollen endlich in die Welt getragen werden?
- Wo kannst Du Deinen Radius, Dein Potential vergrößern?

Gedanken zum Tag & der Tagesqualität

_____

_____

_____

_____

*Foto 28
Finde die unendliche,
göttliche Weisheit in Dir.*

Vom Wissen zum Nicht-Wissen

Ein Professor besuchte einen Zenlehrer, um von ihm etwas über Zen zu lernen. Der Zenlehrer begann über die herausragende Bedeutung einer ethischen Lebensweise im Zen zu sprechen. Der Professor unterbrach ihn sehr bald und begann eine Vorlesung über die verschiedenen Theorien von Ethik. Als er eine Pause machte, fuhr der Zenmeister fort. »Im Zen ist die rechte Motivation für das, was man sagt und was man tut, sehr wichtig. Und so sprechen wir nur dann, wenn es wirklich hilfreich und nützlich ist.«

»Das stimmt, da gibt es mehrere Theorien«, sagte der Professor, und prompt begann er eine lange Vorlesung über die verschiedenen Arten von Motivation zu halten. Als er noch sprach, goss der Zenmeister dem Professor Tee ein, bis die Tasse voll war, der Tee die Untertasse füllte und schließlich über den Tisch lief. Der Professor rief darauf empört: »Sehen sie denn nicht, dass die Tasse voll ist?« Der Zenlehrer schmunzelte und sagte: »Und können Sie nicht sehen, dass ihr Kopf total voll von alten Ideen ist und Sie so keine neuen aufnehmen können? Daher tut es mir leid, aber es ist unmöglich für sie, etwas über Zen zu lernen. *Verfasser unbekannt*

Befasse Dich heute mit dem, was Dich groß und stark macht. Gib Dir und Deiner Seele Raum, Dich zu beflügeln, dein Umfeld weit hinter dir zu lassen, Deine Möglichkeiten zu träumen. Denn alle Weisheit des Wissens ist bereits in Dir. Alles ist schon da!

Die Weisheit existiert in Dir jenseits des erlernten Wissens, das Du in Büchern, Seminaren ... Deinem Verstand zur Existenz gereicht hast. Wie oft erlebe ich Menschen, die mir irgendwelche fremden Theorien und Worte herunterbeten und mich fragen, was ich von dieser Theorie oder jener halte. Mich langweilt dieser Austausch, denn darin steckt nichts Lebendiges, nichts Eigenes und das Wissen entstammt rein aus dem Verstand.

Jedoch das, was mich elektrisiert und mich förmlich mitreißt, ist die wahre und echte eigene Erfahrung. Deine Beobachtungen, der Austausch über Deine Wahrheit, die aus Deinem Herzen stammt. Dieses Wissen ist die wahre, göttliche Weisheit, die sich aus all den zuvor erlangten Schritten zusammensetzt und die sich aus Deinem Leben formt. Dieses Wissen erreichst Du über Reflektion, ehrliches Hinsehen und angewendetes, erlerntes Wissen. Denn wenn Du mit erlerntem Wissen aus Deinem Verstand umgehst, es anwendest und dann durch Dich hindurchlässt, dann mischt es sich mit den Lektionen aus Deinem Leben zu etwas viel Größerem. Dann wird es Dein authentisches, echtes Wissen.

Diese Weisheit hast Du vielleicht auch schon mal bei älteren Menschen beobachtet. Es gehört auch eine gewisse Lebenserfahrung dazu. Dieses Wissen wird Dich in Deinem Leben hell und golden ausfüllen und auf eine neue Ebene heben.

Jedoch heute, zur letzten Rauhnacht, schenke ich Dir die Erkenntnis, dass Du, wenn Du den kompletten Jahreszyklus absolviert und alle Aspekte und Energien eines Jahres verinnerlicht hast, auch das kommende Jahr als ein ganzes Ganzes abschließen wirst. Die Weisheit für diesen Jahreszyklus, kann sich dann in Deiner Weisheit ausdrücken und Dich zu neuem Wissen führen. Denn Du bist das Licht, erinnere Dich!

Und so danke Dir von Herzen, dass wir diese Rauhnächte gemeinsam verbracht haben und diesen Weg gemeinsam gegangen sind. Auch danke ich Dir für Deine Impulse, Dein Wohlwollen und Dein Sein. Ich danke Dir für Deine Träume und Deine Weisheit, die in Dir so einzigartig ihren Ausdruck finden.

»Gehe weiter, gehe jetzt noch ein Stück weiter, um Deine Weisheit in diesen Zeiten zu finden und zu leben. Finde Dich und Deine Weisheit, Deine Wahrheit in Deinem Herzen! Gehe noch ein Stückchen weiter, weiter zurück zu Dir.

Foto 29
Gehe so weit, wie Du noch nie zuvor warst. Dehne Dich aus!

»Nichts dauert ewig, niemand lebt für immer. Die Blume welkt und stirbt, der Winter vergeht und der Frühling kommt. Umarme den Kreislauf des Lebens: Das ist die größte Liebe. SETZ DICH ÜBER DIE ANGST HINWEG.

Gib dem Drängen von Angst, Wut und Rachsucht nicht nach – und Du wirst jenseits der Angst sein, dort, wo die Liebe wächst und gedeiht. HINWEGSETZEN HEISST – DEIN EIGENES ICH SPÜREN. Beginne jeden Tag wie die Vögel mit Gesang. Singen trägt dich über alles hinaus ... Weit, weiter, immer weiter ...«[23]

Aus dem Song »Beyond« von Tina Turner, einem unglaublichen, in meinen Augen göttlich inspirierten Werk, das die Energie dieser 12. und letzten Rauhnacht wundervoll trifft und welchen ich Dir als Wegweiser für unsere Zukunft gerne noch für das kommende Jahr mitgeben wollte.

Du bist wichtig! Du bist so wichtig, dass Du es kaum erahnen kannst. Du machst einen Unterschied, Dein Traum für diese Zeit verändert die Welt! Und Dein Herz fühlt die Wahrheit! Denn, die Weisheit wohnt in Dir. Je tiefer Du in Dich eintauchst, desto weiser wirst Du und entdeckst diese tiefe Weisheit auch in Dir. Denn Du bist das Licht, erinnere Dich!

---

[23] https://www.swr3.de/musik/poplexikon/lyrics/tina-turner-beyond--songtext-deutsche-bersetzung--lyrics-100.html - aufgerufen am 25.02.2023

Nun ist unsere gemeinsame Reise während dieser Rauhnächte für dieses Jahr fast zu Ende. Ich hoffe, Du konntest für Dich viele neue Erkenntnisse und vor allem Neues an und in Dir entdecken. Nun gilt es noch einen angemessenen Abschluss für Dich zu finden und Deinen Traum und Deine Visionen und Wünsche für das vor uns liegende Jahr so zu verankern und zu manifestieren, dass sie tatsächlich in Dein Leben treten.

ALLE 12 RAUHNÄCHTE/MONATE AUF EINEN BLICK

Abb. 4
Alle Titelblätter der magischen 12 Rauhnächte im Überblick

Titelblatt 16 – Kreiere das Leben Deiner Träume und Visionen.

FOKUS

Energie folgt immer der Aufmerksamkeit.
Deshalb konzentriere Dich auf das, was Du
Dir in Deinem Leben wünscht.
Werde Dir bewusst, was Du mit Deinen
Gedanken, Deinem Reden, Deinem
Verhalten ... bewusst oder unbewusst
nährst.
Entziehe dem die Energie, was Du nicht
mehr haben willst,
im Großen oder im Kleinen,
in dem Du Deine Aufmerksamkeit lenkst.
Lasse mit dem Fokus aufs Wesentliche
Positives in Deinem Leben immer weiter
wachsen und gedeihen.

Abschluss

Ab 6. Januar
Die Rauhnächte abschliessen

Foto 30
Richte Dich auf Dein lichtvolles Ziel aus.

WERTSCHÄTZUNG DEINES PERSÖNLICHEN KRAFTPLATZES

Während der zurückliegenden Rauhnächte hat Dir Dein persönlicher Kraftplatz einen Raum bereitet, in dem Du SEIN durftest. Entscheide Dich jetzt bewusst, was Du im kommenden Jahr mit diesem Platz machen möchtest. Falls Du ihn wieder abbauen musst oder willst bedanke Dich ganz bewusst bei Diesem Platz für die wertvolle Zeit und die tiefen Einsichten.

Vielleicht behältst Du eine Kleinigkeit an diesem Ort, um Dich immer wieder in das Gefühl Deiner zurückliegenden Rauhnächte zurück bringen zu können. Oder Du nutzt diesen Platz im kommenden Jahr für deine tägliche Zeit, nur für Dich!

ZEREMONIE ZUM ABSCHLUSS

Ich möchte Dich außerdem einladen, zum Abschluss der Rauhnächte noch eine kraftvolle Zeremonie für Dich abzuhalten, damit verankerst Du Deine Vision für ein kraftvolles neues Jahr. Vielleicht hast Du die

Möglichkeit draußen ein Feuer zu entzünden? Jedoch auch bei Kerzenschein an Deinem Rauhnachtsplatz kannst Du es Dir feierlich machen.

Fasse für Dich diese Rauhnächte noch einmal gedanklich zusammen, vielleicht möchtest Du alle 12 Tage mit einem Satz zusammenfassen? Gab es ein übergeordnetes Thema oder einen übergeordneten Wunsch? Was war das Ergebnis Deines 13-Wünsche Orakels? Wie passt dieses zum Rest der Rauhnächte? Was lässt sich daraus ableiten?

_____

_____

_____

_____

_____

_____

_____

_____

_____

_____

_____

_____

_____

Diesen Satz kannst Du auf einen Zettel schreiben und in den Flammen verbrennen und ihn damit an die Spirits übergeben, auf dass sie ihn Dir erfüllen, wenn es zu Deinem höchsten Wohle ist und zum höchsten Wohle von allem, was ist.

Alles wird sich zum Guten wenden, davon bin ich aus tiefstem Herzen überzeugt. In der Zwischenzeit dürfen wir uns um uns kümmern und darum, dass es uns gutgeht. Du bringst die Veränderung in diese Welt, auf die wir so sehr warten. Denn Du bist das Licht, erinnere Dich!

Wie Du Deine Kraft und lichtvolle Vision umsetzt und sie ins Leben bringst, das ist ein entscheidender Schritt für den Abschluss der Rauhnächte. Um den 6. Januar schließen sich die energetischen Pforten in die Anderswelt wieder. So macht es also Sinn, die nun folgenden Schritte noch in der Energie der zurückliegenden Rauhnächte zu absolvieren, noch bevor die Energie des neuen Jahres so richtig Fahrt aufnimmt.

Jetzt heißt es die erarbeiteten Inhalte und Wünsche für Dein kommendes Jahr in die Realität und ins Leben zu bringen. Dazu stelle Dir alles genau vor. Je konkreter Du Deinen Wunsch, Deine Ziele, Dein bestes Jahr siehst, spürst, fühlst, riechst, schmeckst, erlebst, … desto genauer wird es für Dich auch wirklich eintreffen.

Wie es danach weitergeht

DAS KOMMENDE JAHR ERSCHAFFEN

Deshalb möchte ich Dich nun auf eine Reise in Dein kommendes Jahr, genauer gesagt in das Silvester im kommenden Jahr mitnehmen. Von hier aus wirst Du selbst erleben und vor allem wahrnehmen, wie sich Dein bestes Leben anfühlt und welche großartigen Veränderungen zu Dir kommen werden. Lasse die vergangenen 12 Tage dazu zunächst noch einmal Revue passieren. Blättere in Deinen Aufschrieben. Sinniere über Deine Erlebnisse und Deine Erkenntnisse.

Wenn Du dem kommenden Jahr eine knackige Überschrift geben würdest, dann wäre das ...

_____

_____

_____

Was ist das eine, wichtigste Gefühl, das dieses besondere Jahr bestimmen wird ...

_____

_____

_____

Was ist die lichtvolle Energie, die für Dich wichtig sein wird ...

_____

_____

_____

Fühle Dich für die folgende Meditationsreise mit Hilfe dieser zusammenfassenden Aspekte und Deiner Ergebnisse, Erlebnisse und Erkenntnisse der letzten 12 Tage ein, oder öffne Dich einfach so, in die Energie des kommenden Jahres. Bleibe gespannt und ergebnisoffen.

MEDITATIONSREISE INS KOMMENDE JAHR

Mache es Dir also dort, wo Du gerade bist, bequem. Du kannst sitzen oder liegen. Schließe Deine Augen und nimm ein paar tiefe Atemzüge und nimm wahr, wie Du mit jedem Atemzug immer tiefer und tiefer entspannst. Sollten Gedanken auftauchen, so lasse sie ziehen, wie Wolken am Himmel, ohne sie festzuhalten oder sie wegzuschieben.

Nun kannst Du wahrnehmen, wie vor Dir eine Türe auftaucht. Du weißt, dahinter liegt eine magische Wendeltreppe, welche Dich zum Bahnsteig in die Zukunft bringen wird. Wenn Du nun gleich die Türe öffnest und Du die Stufen hinabsteigst, wirst Du Dich immer tiefer entspannen. Dabei zähle ich von 1 bis 10 und wirst Du immer tiefer in Dich hineinsinken und genau dort landen, wo und wie es für diese Reise notwendig und richtig ist.

Du öffnest also die Türe und trittst auf die erste Stufe. 1 – Du bist entspannt. 2 – Du sinkst in Dich hinein. 3 – Du bist sicher. 4 – Du entspannst Dich noch mehr. 5 – Du lässt alles los. 6 – Du sinkst noch mehr in Dich hinein. 7 – immer tiefer und tiefer. 8 – tiefer und tiefer in Dich hinein. 9 – sinkst Du. 10 – Du bist nun im optimalen Zustand und unten auf der Wendeltreppe angekommen.

Abermals befindest Du Dich vor einer Türe, Du weißt, dahinter liegt der Bahnhof. Du öffnest die Türe und kannst den besonderen Geruch dieses Ortes riechen, ein besonderes Licht umgibt Dich und da hörst Du auch schon, wie der Zug rumpelnd, ratternd, quietschend und kräftig rauchend einfährt. Nun kannst Du ihn auch schon sehen und er sieht genau so aus, wie er für Dich aussehen muss.

Der Zug bleibt genau vor Dir stehen und seine Türen öffnen sich zischend. Du steigst geschwind ein. Die Türen schließen sich lautstark und schon nimmst Du wahr, wie der Zug sich wieder rumpelnd, ratternd und kräftig rauchend in Bewegung setzt. Du weißt, alles ist sicher UND ihr werdet genau an dem Tag in der Zukunft anhalten, an dem Silvester in einem Jahr stattfindet. Der Zug verlangsamt bereits erneut und bleibt schließlich stehen. Nun öffnen sich die Türen erneut und Du befindest

Dich also am Tag von Silvester. Als sich der Rauch ein wenig lichtet, blickst Du an Dir hinunter.

Was für Schuhe trägst Du? Was für eine Kleidung hast Du an? Wie fühlst Du Dich?

Nun blickst Du um Dich, wo bist Du? Du lässt Deinen Blick schweifen. Wer ist mit Dir hier? Was ist die Situation? Lasse Dir nun genügend Zeit, alles zu erkennen und die wichtigen Details in Dir aufzunehmen.

Nun nimmst Du wahr, dass Du ein Gläschen Sekt oder etwas in der Hand hältst, mit dem Du gleich anstoßen wirst. Der große Countdown läuft bereits. Als Ihr bei Null angelangt seid, stößt Du mit Deinem Gegenüber an und bemerkst, wie tiefe Freude und Dankbarkeit und Freude sich in Deinem Herzen ausbreiten. Du bist so glücklich, auf ein so besonderes und wundervolles Jahr zurückzublicken. Du bist stolz auf Dich! Du hast so viel erreicht und so viel bewegt, in diesem vergangenen Jahr ... Wow, was für eine Entwicklung und welch riesige Schritte konntest Du absolvieren und Du beginnst in die einzelnen Monate des Jahres und Deine Fortschritte und Ereignisse zurückzublicken. Nimm Dir genügend Zeit, um die Botschaften des jeweiligen Monats tief in Dir aufzunehmen und zu verinnerlichen.

Du blickst in den Januar ...

... und voller Freude erkennst Du, was sich in diesem zurückliegenden Monat für Dich alles bewegte. Es sind so viele besondere Dinge geschehen und Dein Leben konnte sich in Leichtigkeit für Dich entwickeln. Du kannst es intensiv fühlen. Du erkennst nun die Geschenke darin und die Ereignisse, die Dich auf Deinem Weg ein großen Stück weitergebracht haben. Wow, was für ein Monat. Du dankst allem, was wahr und ...

... nun blickst Du in den Februar ...

(Und nun nacheinander gehst Du auf dieselbe Weise in jeden einzelnen Monat des vergangenen Jahres.)

Nachdem Du nun jeden Monat auf diese Weise in Dir aufgenommen hast, kehrst Du mit Deiner Aufmerksamkeit wieder zurück zum Silvester des kommenden Jahres. Wenn es noch etwas zu tun gibt, etwas zu sagen oder zu wissen – lässt Du dieses einfach geschehen. Wenn Gedanken oder Gefühle in Dein Herz kommen, so nimm diese tief in Dir auf.

Nun erkenne, dass Deine Zeit hier langsam zu Ende geht. Bedanke Dich bei allen Beteiligten und verabschiede Dich. Ihr werdet Euch ja schon bald zu kommendem Silvester wiedersehen. Kehre nun auf dem Weg, auf dem Du hier her gekommen bist wieder zurück. Sieh, wie der Bahnhof vom kommenden Silvester vor Dir auftaucht. Dein Zug steht mit geöffneten Türen bereits hier und wartet auf Dich. Du steigst geschwind ein und der Zug ruckelt los. Schon nähert ihr Euch dem Ausgangsbahnhof, der Zug hält, öffnet die Türen und Du steigst in die Bahnhofshalle aus.

Dort erkennst Du bereits die geöffnete Türe, durch die du gekommen bist, gehst hindurch und schließt sie hinter Dir.

Nun beginnst Du die Wendeltreppe wieder hinaufzusteigen. Mit jeder Stufe kommst Du mehr und mehr in Deinen Körper und das Bewusstsein Deines irdischen Lebens zurück. Ich zähle in umgekehrter Reihenfolge, 10 – 9 – 8, Du steigst immer höher und höher. 7 – 6 – 5, mit jeder Stufe wirst Du Dir Deines Körpers mehr bewusst. 4 – 3 – 2, Du kommst mehr und mehr in Dein Alltagsbewusstsein zurück, beginnst den Raum um Dich herum wahrzunehmen.

Bei 1 wirst Du wieder im Hier und Jetzt angekommen sein. – 1 – nun nimmst Du vor Dir die letzte Türe, durch die Du vorher gekommen bist, wahr. Auch sie ist geöffnet, Du gehst hindurch und schließt die Türe. In Deinem Tempo öffnest jetzt Du Deine Augen, wenn Du das gerade Erlebte voll integriert hast und wieder fest verankert in Deinem Körper und Deinem Leben sein. Welcome Back!

Die wichtigsten drei Erkenntnisse aus dieser Reise sind ...

1.
___

2.
___

3.
___

Mein bestes Jahr wird also ...

_____

_____

_____

_____

_____

_____

_____

_____

Und nun mache Dich ans konkrete Manifestieren und erstelle Dir dazu Deine Jahreskollage. Fühle Dich dazu nochmals in die vergangene Meditationsreise ein oder auch die einzelnen Tagesenergien der vergangenen 12 magischen Rauhnächte. Du kannst Dich jedoch auch nur energetisch mit Deinem Gefühl auf das kommende Jahr ausrichten und beginnst dann damit an Deinem Visionboard zu arbeiten.

DEINE JAHRESKOLLAGE

Erstelle Dir Dein eigenes, kraftvolles Visionsbord, Deine Jahreskollage für das kommende Jahr.

Du benötigst:

- diverse Zeitschriften, Magazine, alte Kalender, großformatige Fotos oder Abbildungen … (Du nimmst einfach, was Dich anspricht)
- Schere, Klebstift/Kleber
- Unterlage: Leinwand, Papp-Karton mindestens im Format DINA 2
- Minimum 2,5 Stunden Zeit und Muße Dich.

Der Prozess

Du hast zwei Möglichkeiten an die Jahreskollage heranzugehen. Es gibt kein richtig oder falsch. Geh in den Prozess und bewerte nicht!

Intuitiv – wichtig, du denkst gar nicht nach, richtest Dich innerlich auf ein gutes Jahr aus und arbeitest rein aus dem Bauch und dem Gefühl heraus:

Du nimmst Dir nacheinander alle Zeitschriften vor und reißt großzügig die Bilder, Überschriften …, die dich ansprechen heraus.

Wenn Du einen ordentlichen Stapel zusammen hast, beginnst Du auf Deiner Unterlage diese Schnipsel nach Gefühl und Gefallen anzuordnen.
weiter mit 3.

Überlegt – Ausgangspunkt sind Deine erarbeiteten Ziele für das kommende Jahr, Du überlegst genau, wie Du diese bildlich darstellen willst und beginnst dann.

Du nimmst Dir nacheinander die Zeitschriften vor uns durchsuchst sie nach passenden Motiven zu Deinen Träumen und Wünschen.

Wenn Du einen ordentlichen Stapel zusammen hast, beginnst Du auf Deiner Unterlage diese Schnipsel nach Themen (eventuell auch nach Feng Shui) anzuordnen.

weiter mit 3.

3. Ab hier geht es für beide Methoden gleich weiter:

Du schneidest aus, überlappst, kreierst ...

Wenn alles an seinem Platz ist, dann fixierst Du die Kollage mit Klebstift oder Flüssigkleb fest auf der Unterlage.

Wenn sich alles richtig anfühlt, dann ist Dein Bild fertig.

Das Ergebnis ist Deine kraftvolle Jahreskollage, Dein Visionboard für ein erfülltes Jahr!

Foto 31
Du bist das Licht!

Wenn Du noch tiefer gehen willst:

Stelle das Bild in einiger Entfernung von Dir auf und betrachte es intensiv, von nah und fern und aus unterschiedlichen Blickwinkeln.

Entdecke und staune, wie schön Dein Bild geworden ist.

Beobachte, welche Themen, Farben, Motive, ... vorherrschen.

Öffne Dich für Botschaften, verborgene oder offensichtliche.

Interpretiere und bleibe dabei doch ganz flexibel für eine mögliche tiefere Bedeutung.

Freu Dich auf das, was im kommenden Jahr zu Dir kommen wird!

Diese Betrachtung kann man auch in einer wohlwollenden Gruppe oder mit guten Freunden für die gegenseitige Jahreskollage vertiefen.

Aufhängen

Dann sollte das Bild an einem dauerhaften Platz für das kommende Jahr aufgehängt oder aufgestellt werden, damit es seine Kraft und Wirkung entfalten kann:

So, dass Du es jeden Tag siehst, aber am besten so, dass nur wohlmeinende Personen es sehen können, beispielsweise in Deinem Schlafzimmer, in Deinem Arbeitszimmer oder an Deinem Meditationsplatz.

Staunen und Beobachten

Nun staune und beobachte, was passiert – ohne zu sehr festzuhalten oder zu wollen. Meist betrachte ich kurz vor den Rauhnächten meine Kollage für das zurückliegende Jahr, stets bin ich entzückt auf welch unterschiedlichen Weisen die Dinge, die ich aufgeklebt hatte in mein Leben kamen. Manches kommt wirklich ganz gegenständlich, ein kleines Schmuckstück, eine Feder ... Anderes kommt eher im übertragenen Sinn, mit einem Gefühl, einem Zustand, gemeinsamer Zeit mit Liebsten, Tätigkeiten, Kunstwerken ...

Doch aufgepasst: Mittlerweile klebe ich beispielsweise keine Hunde mehr auf meine Kollagen. Ich hatte mir jahrelang sehnsüchtig einen Hund gewünscht, bis ich dann einen auf mein Bild 2013 einarbeitete. Schwupp, kam schon im Februar der erste Hund in unsere Familie. Zwei Jahre später, dachte ich, es wäre richtig, wieder einen Hund in die aktuelle Kollage einzubringen. Ich redete mir ein, das würde ja nur unseren bereits angekommenen Hund darstellen. Und Schwupp, hatten wir unseren zweiten Hund – dieser kam aber erst im September des Jahres!

Ich selbst erstelle seit vielen, vielen Jahren eine Kollage, und zwischenrein sogar mehrere Kollagen für unterschiedliche Kontexte: Die Familie, meine Firma, meine persönliche Entwicklung ... Manchmal dachte ich auch schon, dass ich jetzt keine Idee mehr habe, nochmal eine Jahreskollage zu fertigen. Und dann ist das Ergebnis doch wieder so überwältigend und ganz anders, als ich es mir hätte vorstellen können, so dass ich sehr froh bin, mich zum Prozess überredet zu haben.

Für mich ist dieses Werkzeug zur Visualisierung und Manifestation, extrem wirkungsvoll. Und sehr viele meiner Freunde und Bekannten praktizieren das ebenso für ein erfülltes, erfolgreiches Leben. Zur Inspiration schau doch in meinem Buch »Anleitung zum Glück«, da zeige ich einige Beispiele und auch in der FB-Gruppe, werden immer wieder tolle Beispiele geteilt.

Rauhnachtsenergien im kommenden Jahr nutzen

Du hast nun viele Möglichkeiten mit den Ergebnissen Deiner magischen Rauhnächte im kommenden Jahr weiter zu verfahren. Lass Dich gerne von meinen Ideen inspirieren und entwickle die Vorschläge für Dich weiter.

- Blättere jeweils zu Monatsbeginn in Deinen Aufschrieben aus den Rauhnächten zum Monat. Fühle Dich in die kommende Energie ein und öffne Dich für das, was kommen wird.
  Zu Ende des Monats vergleiche, was waren Deine Erkenntnisse und Gefühle während der Rauhnächte, was ist nun im Monat tatsächlich geschehen.
  Was schließt Du für Dich daraus?

  _____

  _____

- Zum Monatsbeginn fühle Dich in die Monatsenergie ein. Suche die passende Rauhnachtskarte oder ziehe zufällig eine Karte aus einem Set Deiner Wahl. Sinnere, male, schreibe … dazu in Deinem Rauhnachtsbuch. *Wie bringst Du diese Information in Relation zu Deinen Aufschrieben aus den Rauhnächten? Was ist zu tun?*

  _____

  _____

  _____

- Sinniere und meditiere mit der Energie des kommenden Monats. *Was bedeutet diese Energie gerade für Dich, Deine Situation, Deine Projekte und Dein Leben? Wie kann Dich diese Energie tragen und unterstützen? Wie kannst Du sie und die Ergebnisse und Erkenntnisse aus den Rauhnächten nun für Dich zielführend nutzen.*

_____

_____

_____

- Meditiere zu Monatsbeginn mit Deinen Aufschrieben und Ergebnissen aus den Rauhnächten für die Monatsenergie. *Was erkennst Du?*

_____

_____

_____

- Zu Monatsbeginn absolviere eine der Meditationsreisen aus dem Buch und säe Lichtsamen für Dich und Dein Umfeld. *Was beginnt sich zu verändern?*

_____

_____

_____

- Erschaffe eine tägliche Routine mit den Gewohnheiten oder Erkenntnissen aus den vergangenen Rauhnächten, die besonders wichtig für Dich waren. *Was ist die größte Auswirkung für Dein Leben?*

_____

_____

_____

- Wie kannst Du Deine Schwingung für den kommenden Monat und Deine Ergebnisse und Gefühle dazu anheben? Wie bist Du in der Lage, Dein Licht noch heller strahlen zu lassen? *Was brauchst Du zur Unterstützung?*

  _____

  _____

  _____

- Sammle Ideen für Deine nächsten, kommenden Rauhnächte. *Was möchtest Du dann unbedingt ändern, aufnehmen, tun, weglassen ...*

  _____

  _____

  _____

Viel Spaß bei Deinen kreativen Prozessen – und dem Kreieren Deines besten möglichen Jahres, Deines besten Lebens und Deiner besten Zukunft!

Was Du für Dich tust, tust Du für uns!

Du bist das Licht, vergiss das nicht!

Ich danke Dir von Herzen für Dein Sein und Wirken!

Abb. 5
Zum höchsten Wohle von allem, was ist.

Literatur

Das Geheimnis der Rauhnächte: Ein Wegweiser durch die zwölf heiligen Nächte, Jeanne Ruland, Schirner Verlag, 2009.

Vom Zauber der Rauhnächte: Weissagungen, Rituale und Bräuche für die Zeit zwischen den Jahren – Aktualisierte und erweiterte Neuausgabe, Vera Griebert-Schröder, Franziska Muri, Irisiana Verlag, 2022.

Anleitung zum Glück. Wie Dein Leben Dich zu einem besseren Menschen macht. Claudia Schimkowski, Triga Verlag, 2021.

Du bist die neue Welt. Darum sei achtsam welchen Samen Du säst und pflegst. Claudia Schimkowski, Antheum Verlag 2023.

Die Magie der Rauhnächte. Ein hybrides Workshopformat, Pdf-Kursmaterial, Claudia Schimkowski, Katja Vollmer, 2017, 2018, 2019.

Gebete aus aller Welt und die Praxis des Betens, Stefan Mandel, tredition Verlag, 2016.

Erinnerungen, Träume, Gedanken, Walter Verlag, Sonderausgabe Edition, C. G. Jung, 5. Auflage 1993.

Signs Achtsamkeitskarten, Affirmation – Übungen – Sprüche zur inneren Ruhe, Jwala Gamper, Visual Statments, 2022

Links

- https://signshop.tirol/signkarte-ziehen-de/480/ich-bin-ein-meister-der-uebt.
- https://mymonk.de/buddha-zitate/
- http://Songtexte.com/songtext/nick-and-simon/sound-of-silence
- https://www.songtexte.com/sontext/mercyme/I-can-onliy-imagine
- https://www.facebook.com/euler17coaching/photos/a.19343283420376/2180500955521273/?paipv=0&eav=AfbUX3ZxGdLlYuc141q-2rFT5IW_4HCzBeKjGl-IrFUMAUiP_cqyDe94nKNkUHsWsm8
- https://lyricstranslate.com/de/mama-mama.html-138
- https://genius.com/Sade-flower-of-the-universe-lyrics
- https://youtu.be/bXU812egVzU
- https://www.spektrum.de/frage/sind-hummeln-wirklich-zu-dick-zum-fliegen/1335685
- https://www.goodreads.com/author/quotes/16373075.Alexander_Den_Heijer
- https://beruhmte-zitate.de/zitate/1958100-albert-einstein-die definition-von-wahnsinn-das-gleiche-immer-und/
- https://www.aphorismen.de/zitat/16669
- https://www.aphorismen.de/zitat/144019
- https://genius.com/Xavier-naidoo-was-wir-alleine-nicht-schaffen-lyrics
- https://www.zitate.eu/autor/laotse-zitate/5712
- https://www.songtexte.com/songtext/wolkenfrei/der-kopf-sagt-nein-das-herz-sagt-ja-3311a8f9.html
- https://www.songtexte.com/songtext/john-lennon/imagine-7bde0e90.html
- https://dieter-jenz.de/lc/wenn-der-weg-vor-dir-klar-ist-jung/
- http://www.koschis-web.de/nachdenkliches/glueck-oder-pech.html
- https://karrierebibel.de/veraenderung-sprueche/
- https://www.gehner-seminare.de/pdf/DEUTSCH_Vater_Mutter_Unser.pdf

Abbildungsverzeichnis

GANZSEITIGE TITELBLÄTTER

Titelblatt 1
Du bist das Licht, erinnere Dich!   19

Titelblatt 2
Abschließen und Frieden finden.   25

Titelblatt 3
Energien klären, reinigen, neu strukturieren und aufladen.   45

Titelblatt 4
Komme an und finde die Mitte in Dir.   49

Titelblatt 5
Vertraue dem Kreislauf des Lebens. Alles ist schon da.   61

Titelblatt 6
Beginne. Folge dem, was entstehen will.   73

Titelblatt 7
Erkunde offen und voller Freude das Neue.   85

Titelblatt 8
Halte den Fokus und folge der Intention Deines Lebens.   101

Titelblatt 9
Komme in Bewegung und tue, was ansteht.   113

Titelblatt 10
Dein Leben ist Dein Spiegel.   127

Titelblatt 11
Erkenne Deine Gaben,
Talente und den Reichtum in Deinem Leben.   141

Titelblatt 12
Gefühl über Kopf.
Folge Deiner Intuition, sie führt Dich sicher.   153

Titelblatt 13
Bringe die Ernte ein.
Ehre und schätze das Geschenk Deines Lebens.   165

Titelblatt 14
Lass los, was Dich noch hält!   177

Titelblatt 15
Wenn Dein Herz weiß, gibt es keine Zweifel mehr.   189

Titelblatt 16
Kreiere das Leben Deiner Träume und Visionen.   201

Alle Fotos

Foto 1
— Sich bewusst machen und ehren. 33
Foto 2
— Es ist Zeit, das Alte zu beenden. 34
Foto 3
— Nutze die Kraft der Zeichen. 40
Foto 4
— Lass Dich inspirieren. Sinniere über Deinen Impuls. 43
Foto 5
— Finde Deine eigene Weise. 48
Foto 6
— Lass Ruhe wirken! Werde still. 55
Foto 7
— Besinnen. Pausieren.
In der inneren Einkehr nichts tun. 57
Foto 8
— In der Hingabe liegt der Same des Neubeginns. 68
Foto 9
— Folge Deinem Rhythmus
und den des großen Ganzen. 72
Foto 10
— Folge mutig Deinem Herzen. 79
Foto 11
— Von innen nach außen entspringt die Kraft. 83
Foto 12
— Jeder Anfang ist ein Wunder der Liebe. 93
Foto 13
— Voller Neugierde und mit allen Sinnen
lebendig wahrnehmen. 98
Foto 14
— Verschaffe Dir einen Überblick. 106

Foto 15
- Was braucht es
 für Deine Vorbereitung und Absicht? 110
Foto 16
- Tauche ein in Deine Herzenskraft
 und handle von hier. 119
Foto 17
- Was Du von Dir gibst macht einen Unterschied. 124
Foto 18
- Geborgen in Gesellschaft.
 Genieße und pflege Deine Freundschaften. 133
Foto 19
- Es ist so, wie Du bist. 137
Foto 20
- Wie kannst Du Dich heute nähren,
 erfüllen, bestärken, durchfluten, ausdehnen? 149
Foto 21
- Öffne Dich für den Überfluss, der Dich umgibt. 152
Foto 22
- Nimm bewusst wahr, was ist. Blicke dahinter! 158
Foto 23
- Übe die Verbindung zu Deiner inneren Stimme
 und zu Dir. 163
Foto 24
- Wie drückst Du heute Deine Dankbarkeit aus? 171
Foto 25
- Dankbar für die Geschenke von Mutter Erde
 und Deine Herkunft. 176
Foto 26
- Räume auf und schaffe so Platz für Neues. 185
Foto 27
- Lasse Erwartungen hinter Dir,
 alles hat einen Grund. 187
Foto 28
- Finde die unendliche, göttliche Weisheit in Dir. 194

Foto 29
    – Gehe so weit, wie Du noch nie zuvor warst.
      Dehne Dich aus!   196

Foto 30
    – Richte Dich auf Dein lichtvolles Ziel aus.   205

Foto 31
    – Du bist das Licht!   216

Sonstige Abbildungen

Abb. 1
– Spirale zur Reinigung   31

Abb. 2
– Wenn Du noch tiefer einsteigen möchtest.   109

Abb. 3
– Dein eigenes Mandala erstellen   122

Abb. 4
– Alle Titelblätter der magischen 12 Rauhnächte im Überblick   199

Abb. 5
– Zum höchsten Wohle von allem, was ist.   221

Als Ergänzung zum Buch »Deine Magie der Rauhnächte«

Zur intuitiven Arbeit

- während der Rauhnächte
- im Jahreskreis
- zur Selbstreflexion
- zur Schärfung der Intuition
- zum persönlichen Wachstum

Damit Du Dir Dein bestes Leben Deiner Träume erschaffst.

Kartenset zu diesem zauberhaften Arbeitsbuch
Karten »Deine Magie der Rauhnächte«
Du bist das Licht, erinnere Dich.

- **46 Karten DINA 6**
- Maße ca. 105 x 115 cm
- hochwertiger Farbdruck beidseitig
- alle farbstarken Fotografien aus diesem Buch
- Reflexionstext & Lichtimpulse
- inkl. Booklet

Mit dem passenden Kartenset vertiefst Du die Arbeit während der Rauhnächte.

In meinem Etsy Shop »Anleitung zum Glück« findest Du die im Buch verwendeten Rauhnachtskarten und weitere Produkte. Mit dem Gutscheinwort MAGIEDERRAUHNÄCHTE erhältst Du eine 5,- € Gutschrift bei Deiner Bestellung.

Dir hat meine Rauhnachtsbegleitung gefallen und Du möchtest noch tiefer in Deine persönliche Entwicklung einsteigen? Dann melde Dich doch gerne für ein kostenloses Orientierungsgespräch und wir finden gemeinsam heraus ob und wie ich Dich mit meinen Programmen unterstützen kann.

Claudia Ulrike Schimkowski
Du bist die neue Welt
Darum sei achtsam welchen Samen
Du säst und pflegst

ISBN: 978-3-95949-622-3

Was bedeutet Schamanismus heute? Wie geht man mit der Berufung um und trägt die eigene Initiation als Schamane in sein eigenes Leben heute, hier und jetzt? Wie nähert man sich der Welt zwischen den Welten?
Hier finden wir Antworten auf Fragen, die bislang noch nie jemand anderem gestellt werden konnten. Tiefe Einblicke in Spiritualität und Anderswelten helfen auf dem Weg zur eigenen Entwicklung.
In dieser herausfordernden Zeit braucht es Wegweiser und Hilfestellungen auch und gerade für das Leben in einer modernen Welt.

Als Ergänzung zum Buch »Du bist die neue Welt«

Zur intuitiven Arbeit

- im Medizinrad
- mit der Spirale
- zur Selbstreflexion
- mit Coaching- oder Orakelkarten
- zur Eigenarbeit oder in Gruppen

Damit Du weißt, wo Du gerade stehst.

Kartenset komplett
Karten »Medizinrad des Werdens«

- **56 Karten DINA 6**
- Maße ca. 105 x 115 cm
- hochwertiger Farbdruck beidseitig
- 57 Heilgemälde
- Farbecode der 8 Himmelsrichtungen, Jahreskreisfeste
- 9 Qualitäten des Lebenszyklus = (weibliche) Archetypen
- Reflexionstext & Affirmationen

inkl. Booklet, DINA6

- **52 Seiten, Farbdruck**
- ausführliche Anleitung für die intuitive Arbeit im Medizinrad, zu Kartenarbeit & Selbstreflektion
- Abbildung jeder Karte mit ergänzenden Texten

inkl. wunderschöne Filztasche zur Aufbewahrung

- 100% Design Wollfilz, durchgefärbt) in Orange made in Germany
- liebevolle Details
- Knopf aus Omas Schatzkiste
- 100% Made in Germany

Wer noch tiefer eintauchen möchte in persönliche Reifung und Reflexion des Lebensweges, der findet in diesem wunderschönen Kartenset weitreichende Inspiration und Möglichkeiten.

SHOP:
www.anleitung-zum-glueck.de

NEWSLETTER:
www.claudia-schimkowski.de/newsletter-abonnieren.html

TERMINE:
www.claudia-schimkowski.de/aktuelles.html

Tine Wittler
Das Wohnfühl-Prinzip
Wohne wie Du's brauchst und lebe wie Du willst!

ISBN: 978-3-95949-587-5

Tine Wittler ist Deutschlands bekannteste Wohnexpertin. Mit diesem Buch teilt sie ihre Prinzipien und Grundsätze. Dabei legt sie keinen weiteren Wohnratgeber nach »Schema F« vor: Ihre Leitlinien lassen sich gleichsam auf das Leben an sich anwenden.

In 18 vielseitigen Kapiteln und mit zusätzlichen Checklisten vermittelt Tine Wittler allen, die klüger wohnen UND entspannter leben wollen, eine unterhaltsame Grundausbildung. Ausgangspunkt sind dabei immer das Individuum und dessen Bedürfnisse: Statt kurzlebiger Trends und austauschbarer Stilschablonen setzt sie auf die Kraft der Selbsterkenntnis. Ihr »Wohnfühl-Prinzip« beinhaltet keine konkreten Anleitungen zum Nachbauen: Es ist Wegweiser für Inspiration und Orientierung in einem Wust von Möglichkeiten.

Mit diesem Buch haben Sie künftig die richtigen Fragen parat, um Fehlentscheidungen zu vermeiden und mit Ihrem (Wohn-)Umfeld dauerhaft glücklich zu werden. Und sind nach der Lektüre nicht nur Ihr eigener Einrichtungsprofi, sondern gewinnen auch wertvolle Anregungen für ein selbstbestimmtes Leben.